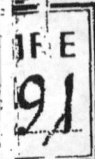

36691

# L'HISTOIRE
## EN PEINTURE.

Ut pictura poesis.
HORACE.

Rien n'est beau que le vrai, le vrai seul est aimable.
BOILEAU.

IMPRIMERIE CLAYE, TAILLEFER ET Cie
7 rue Saint-Benoît. — 1848.

# L'HISTOIRE
# EN PEINTURE

OU

## ÉPISODES HISTORIQUES

PROPRES A ÊTRE TRADUITS EN TABLEAUX

ouvrage dédié

AUX PERSONNES QUI S'OCCUPENT DES ARTS DU DESSIN
ET PARTICULIÈREMENT AUX PEINTRES

## PAR CH. DEZOBRY.

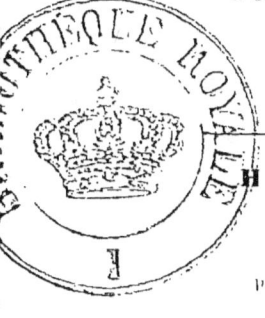

### HISTOIRE ROMAINE:

TABLEAUX D'HISTOIRE,
PAYSAGES HISTORIQUES,
TABLEAUX DE GENRE.

## PARIS

DEZOBRY, E. MAGDELEINE et Cie, LIB.-ÉDITEURS,
RUE DES MAÇONS-SORBONNE, 1.

1848

# INTRODUCTION.

I. Du choix d'un sujet de tableau — II. Éducation de la pensée et de l'invention. — III. *Cicerone* littéraire. — IV. Sujets et programmes de tableaux. — V. Scénographie. — VI. Personnages. — VII. Climat, temps et moment du drame. — VIII. Conclusion.

I. La première, ainsi que la principale condition de succès pour un tableau de même que pour un drame, c'est le choix du sujet. Un sujet heureusement trouvé devient pour le peintre, comme pour le poëte, une source abondante d'inspiration, l'auxiliaire puissant du talent ou du génie, et cet axiome

> Ce que l'on conçoit bien s'énonce clairement,

est aussi vrai en peinture qu'en littérature. Un sujet mal choisi ne peut jamais être bien conçu, tandis qu'un sujet heureux est facile à composer, facile à développer, et prête toujours à faire un tableau intéressant. Qui ne se souvient d'avoir vu au Salon des succès qui n'eurent pas d'autre origine? S'ils ne furent pas durables, c'est que la médiocrité de l'exécution, nuisant à une conception heureuse et à une composition habile, le goût juste et fin des artistes et des vrais connaisseurs, arbitres souverains de l'opinion qui reste, ne sanctionna pas les suffrages du public.

II. Sans entrer ici dans des subtilités sur ce qui doit distinguer un bon d'un ingrat sujet de tableau, je dirai que l'étude est la source où les peintres puiseront les moyens de bien choisir des matières de composition pour leurs pinceaux. Je ne parle pas de l'étude théorique et pratique de l'art en lui-même, mais de ces études accessoires, basées sur la lecture, qui aident à mettre pour ainsi dire l'art en œuvre, en sont l'aliment, et forment un corps d'instruction que l'artiste doit acquérir seul, en dehors de l'atelier. Cette éducation de la pensée et de l'invention est quelquefois un peu négligée par les peintres; occupés incessamment des difficultés nombreuses, ou attirés par le charme de leur art, ils ne s'occupent peut-être pas assez de connaître les œuvres de leurs confrères en Apollon, les historiens, les chroniqueurs, les poëtes et les romanciers. Ceux qui méritent ce reproche en portent la peine, parce que leurs compositions ont toujours quelque chose de vague ou d'incomplet. Ils cherchent à remplacer ce qui leur manque, en recourant à l'imagination, quand il faudrait s'inspirer d'un peu de science littéraire; ou bien en se jetant dans un parti pris de *vérité académique*, c'est-à-dire à peu près de vérité fausse, si toutefois il est permis d'accoupler deux mots aussi antipathiques que vérité et fausseté.

III. En parlant de l'oubli ou de la quasi indifférence de certains peintres pour les études littéraires, je ne le fais que sous toutes réserves, et sans vouloir formuler un blâme, parce que l'étude de l'art demande tant d'années, que les artistes ne peuvent pas, comme les gens de lettres, trouver assez de loisirs pour dévorer des volumes, entasser recherches sur recherches, et s'exposer à lire bien des choses inutiles ou peu utiles, dans l'espérance d'en recueillir quelques-unes seulement qui mériteront leur attention. Je comprends si bien les exigences de leur position, que je veux ici tenter de me faire un peu leur *cicerone* littéraire : mon ouvrage leur épargnera des recherches bibliographiques, quelquefois longues et pénibles, et presque toujours ennuyeuses ; il les mettra à même de trouver sur-le-champ le livre qui pourra leur être utile, que leur pensée aura souhaité ; il leur indiquera, dans ce livre, le chapitre, le passage ou la page dont ils auront besoin, lorsque, sur un sujet donné, ils feront les études préparatoires de leur composition. Je transcrirai textuellement ce passage toutes les fois qu'il ne sera pas trop long ; et dans ce dernier cas, l'analyse le fera connaître.

IV. Je raisonne dans l'hypothèse où il me sera permis d'offrir aux méditations des peintres quelques sujets de tableaux : c'est là proprement le fonds de ce petit ouvrage. Voulant tenter de faire quelque chose d'un peu complet, je ne me suis pas contenté d'indiquer chaque sujet vaguement, comme a fait Caylus, par exemple, dans ses *Tableaux tirés de l'Iliade, de l'Odyssée et de l'Enéide*, ou Dandré-Bardon, dans son *Histoire universelle* (ou plutôt *Histoire sainte*) *traitée relativement aux arts fondés sur le dessin ;* désirant avec ardeur d'être vraiment utile, j'ai essayé de décrire chaque sujet proposé comme si le tableau existait, d'en tracer un *programme* qui, le sujet accepté et conduit jusqu'à l'exécution, y pourra rester attaché. Un programme convenablement développé est, en effet, un accessoire indispensable pour bien faire comprendre un tableau ; car si les gens qui savent reconnaissent ou devinent quelquefois l'ensemble et les détails de la composition qu'ils ont sous les yeux, pour le plus grand nombre des spectateurs c'est presque une énigme : ils se demandent quel est le sujet, l'action, les personnages, le site ou les monuments. Il faut le leur dire, sous peine de n'être point compris. Ceci paraît une vérité presque triviale, tant elle est élémentaire ; mais elle ressemble un peu au sens commun, qui n'est pas si commun que son nom le dit ; les livrets des expositions, soit annuelle, soit même perpétuelle, du Salon de peinture, en font foi : ils sont remplis de programmes incomplets ou sans précision, sans l'exactitude nécessaire, ou rédigés avec une concision qui équivaut à la nullité.

V. Après le programme proprement dit, je passe à des explications purement d'étude ; j'expose la *scénographie* du sujet, c'est-à-dire la représentation du lieu de la scène, le site ainsi que tous les détails topographiques ou architectoniques nécessaires ou seulement utiles pour l'effet de l'action à représenter. J'ai traité cette partie avec beaucoup de détails, parce qu'il me semble que bien des peintres la négligent trop. Cependant le site est le costume du tableau, si l'on peut ainsi parler ; il en complète, ou même il en fait la vérité. Un tableau est un drame ; or, dans un drame le poëte nous décrit d'abord le lieu où ses personnages agissent ; et lorsque le drame est mis à la scène, le décorateur nous le représente. Cela nuit à l'effet, diront quelques esprits légers, cela distrait l'intérêt du sujet principal : mauvaise excuse, inspirée par la négligence ou l'ignorance. Cet accessoire est presque toujours rendu fidèlement dans les sujets modernes ou contemporains, et je ne crois pas que l'on ait jamais trouvé qu'il leur nuisait, parce que c'est une partie du sujet même ; parce que ce sera un attrait de plus pour la postérité ; enfin, parce qu'aucune œuvre n'approche de la perfection que par l'harmonie qui résulte d'une étude complète et soignée de toutes ses parties.

N'est-il pas bizarre qu'un peintre qui ne voudrait pas commettre la moindre inexactitude de dessin dans une sandale, dans une armure, dans le pli ou la broderie d'une toge ou d'une stole, néglige le fond de son tableau au point de convertir en une décoration de pure fantaisie un site historique qu'un peu d'étude aurait pu le mettre à même de représenter exactement ? Nous vivons dans un temps de travaux sérieux, où l'on exige que tous les ouvriers de la pensée, qu'ils tiennent une plume ou un pinceau, ne mettent rien que de vrai dans leurs œuvres historiques ; il faut donc que les peintres comprennent toute la légitimité de cette exigence du public éclairé, et s'y soumettent, pour l'intérêt de leur gloire et la dignité de leur art.

Qu'il me soit permis de citer ici un ou deux exemples parmi beaucoup que je pourrais rapporter, pour faire voir combien les artistes gagneraient à se soumettre aux conseils que je me permets de leur donner, en me rendant l'écho des bons et des vrais juges. Je choisirai *les Sabines* du Poussin et celles de David. Dans le premier tableau ces beaux temples, cet étalage d'architecture grecque, cette place dont le peintre a voulu faire le Forum, ressemblent à une ville du XVIIe siècle, et nullement à l'oppidum agreste et naissant de Romulus. Dans le tableau de David, ces grandes tours façon moyen âge, ce rocher qui a l'air de vouloir être la roche Tarpéienne, n'ont ni la physionomie ni la couleur antiques. Les peintres auraient dû nous montrer le mont Palatin, avec son enceinte carrée munie d'un fossé, ses murs cyclopéens à moitié élevés, et son sommet couvert de chaumières rondes, à toit hémisphérique. Si Le Poussin et David avaient lu Properce ou Virgile au moment d'écrire leurs tableaux, ils n'auraient certes pas négligé un accessoire d'un si puissant intérêt.

VI. Lorsque j'ai bien établi la scénographie, ou du moins rassemblé tous les éléments pour la bien établir, je m'occupe des *personnages du drame;* je dis leur nombre autant que possible, leur position, les groupes principaux et les groupes secondaires; le costume, la figure, l'expression de physionomie, l'âge et le mouvement de chacun. J'indique ensuite les ouvrages, les musées ou les monuments, tels que recueils gravés, statues, bustes, bas-reliefs et médailles, où l'on trouve les portraits des personnages dont il existe des ressemblances historiques, soit authentiques, soit même douteuses.

VII. Je termine par des renseignements précis sur le climat, la saison, le mois, l'heure du drame, et quelquefois l'état particulier du ciel, toutes choses indispensables pour donner le ton général du tableau, fixer la lumière, et accuser exactement les ombres portées. Ces indications peuvent aider l'artiste, mais non lui tenir toujours entièrement lieu d'études; afin donc de lui fournir des moyens prompts et faciles d'étudier quand il le croira utile, de le mettre à même de contrôler mes recherches, et de les compléter s'il les trouve insuffisantes, j'indique sur chaque sujet les sources à consulter.

VIII. Je crois qu'ainsi conçu, mon livre peut avoir son petit coin d'utilité, puisqu'il présente un résumé d'études faites, et de plus les indications nécessaires pour en faire d'autres encore. Néanmoins, je sens combien devront être insuffisantes mes esquisses écrites; mais je m'adresse à des esprits d'élite qui, comprenant à demi-mot, pourront trouver dans une idée imparfaite le germe d'une idée beaucoup meilleure. Que les artistes me sachent donc gré de l'intention; je suis comme le spectateur des jeux publics qui, ne pouvant y prendre part lui-même, cherche à exciter les combattants du geste et de la voix, et s'associe d'esprit et de cœur à leurs efforts généreux.

Les feuilles que j'offre aujourd'hui à tous les amis des arts du dessin ne sont qu'un essai; n'osant pas consacrer beaucoup de temps à un ouvrage dont le succès est fort douteux, je me suis servi principalement des longues études d'histoire romaine que j'ai faites pour écrire ma *Rome au siècle d'Auguste* [1]. Je demande donc, par avance, pardon au lecteur d'avoir souvent cité mon livre. Si ces essais pittoresques étaient goûtés, je pourrais non-seulement leur donner tous les développements qu'ils comportent au point de vue de l'histoire ancienne, mais je me remettrais à d'autres études, et j'aborderais des sujets de l'histoire du bas-empire, de l'histoire du moyen âge en général, de l'histoire de France, et des diverses histoires des états modernes.

1. *Rome au siècle d'Auguste*, ou *Voyage d'un Gaulois à Rome à l'époque du règne d'Auguste et pendant une partie du règne de Tibère*, précédé d'une *Description de Rome aux époques d'Auguste et de Tibère*. Nouvelle édition, revue, augmentée, et ornée d'un grand Plan et de Vues de Rome antique. 4 vol. in-8°, Paris, 1846-1847.

# TABLE DES SUJETS TRAITÉS.

                                          PAGES.

Nº 1. La mort de Tibérius Gracchus. (Tableau d'histoire.)... 1
Nº 2. Les Mendiants du pont Sublicius. (Paysage historique.). 13
Nº 3. Le Procès de Milon. (Tableau d'histoire.).............. 19
Nº 4. Agrippa visitant la Cloaque maxime. (Tableau de genre.). 31
Nº 5. Les Funérailles et l'Apothéose de l'empereur Auguste. (Tableau d'histoire.)...................... 35
Nº 6. Une Soirée à Baïes. (Paysage historique.)............. 45
Nº 7. La première Nuit des Jeux Séculaires. (Tabl. d'histoire.). 51
Nº 8. Le dernier Jour des Jeux séculaires (Ibid.).......... 57
Nº 9. L'Intérieur d'un Cabaret de l'ancienne Rome. (Tableau de genre.)........................... 61
Nº 10. La Flotte romaine de l'Annone au cap de Minerve. (Paysage et marine historiques.)................ 67
Nº 11. Les Jeux scéniques dans le théâtre de Pompée. (Tableau d'histoire.)........................... 71
Nº 12. L'intérieur d'une Pistrine. (Tableau de genre.)...... 77
Nº 13. Pompée retiré dans ses Jardins pendant les troubles qui suivirent les funérailles de Clodius. (Paysage historique.)........................... 81
Nº 14. Une Récitation ou lecture publique chez le poëte Cornélius Sévérus. (Tableau de genre.)............. 87
Nº 15. Poëte inconnu récitant ses vers au peuple dans le Forum de César. (Tableau de genre et d'architecture.). 93
Nº 16. Vue du lac d'Albe et du mont Albain au moment des Féries latines. (Paysage historique.)............ 97
ÉPILOGUE.................................................. 101
TABLE ALPHABÉTIQUE des personnages cités dans l'ouvrage, et dont on connaît la ressemblance historique............ 103

# L'HISTOIRE
## EN PEINTURE.

### N° 1.

LA MORT DE TIBÉRIUS GRACCHUS.

(*Tableau d'histoire.*)

#### PROGRAMME.

Tibérius Gracchus étant tribun du peuple l'an de Rome 620 (av. J.-C. 134), proposa et fit passer diverses lois très-démocratiques, qui lui attirèrent l'animadversion des riches et des grands. Ses amis ne croyant pas qu'il pourrait, sans danger, rentrer immédiatement dans la vie privée, l'engagèrent à solliciter un second tribunat, et il suivit leur conseil. Mais les patriciens, qui redoutaient beaucoup Tibérius, préparèrent tout pour empêcher son élection. Les comices furent assemblés dans l'*Intermont*, place située sur le mont Capitolin.

Le tableau représente cette place : à gauche, sont les dernières marches d'un escalier qui conduit à la

*Forteresse* capitoline; au fond est le *Bois de l'Asyle*, divisé en deux par le *Temple de Véjovis;* en avant de ce dernier temple, s'élève l'*Arc de Scipion l'Africain.* A droite, est l'escalier qui monte à l'area du *Temple de Jupiter*, et le Temple même, qu'on voit par-dessus les murs de son enceinte sacrée. Au bas de cet escalier, à droite, est le *Temple de la Foi.* L'Intermont est en outre décoré de Statues équestres et pédestres, et de Colonnes statuaires.

Q. Mummius, tribun du peuple, préside les comices. Il siége sur un tribunal dressé devant l'Arc de Scipion, et au bas duquel se tient debout son viateur, armé d'une longue baguette. A gauche de ce tribunal, les tribus commencent à donner leurs suffrages, en venant défiler sur une espèce de petit Pont étroit, élevé de trois ou quatre pieds. Au milieu de ce pont est un haut panier cylindrique dans lequel chaque votant jette son bulletin en passant. Deux *custodes* ou gardiens sont auprès du panier, et veillent à ce que personne n'y introduise plus d'un bulletin.

Cependant Fulvius Flaccus, sénateur, vient avertir Tibérius Gracchus, debout à gauche du tribunal où siége le président des comices, que les patriciens ont formé le dessein de le tuer. Blossius de Cumes, Caïus Billius, le rhéteur Diophanes de Mitylène, et quelques autres citoyens qui environnent Gracchus et veillent à sa sûreté, ceignent aussitôt leur toge ou leur pallium; s'emparent des bâtons des appariteurs circulant dans la foule pour maintenir l'ordre; les rompent, et s'en partagent les tronçons pour s'en servir à défaut d'autres armes.

Autour du groupe qui s'agite au-dessous de Gracchus, des plébéiens commencent à frapper les citoyens riches pour les chasser de l'assemblée. Les partisans de Gracchus, auxquels leur éloignement ne permet pas d'entendre la nouvelle apportée par le sénateur Fulvius, surpris de ce qu'ils voient, en demandent la cause : alors Gracchus porte la main à sa tête pour indiquer le danger qui le menace.

Ses ennemis interprètent différemment ce geste : ils disent que Gracchus demande le diadème, et vont crier cette calomnie à la porte du sénat, réuni dans le temple de la Foi. L'émotion la plus vive éclate parmi les sénateurs : P. Scipion Nasica Sérapion, grand pontife, requiert Mucius Scévola, consul qui préside la séance, de marcher au secours de Rome et d'abattre le tyran. Le consul lui répond avec douceur qu'il ne donnera pas l'exemple de la violence, et ne fera périr aucun citoyen qui n'aurait pas été jugé dans les formes. « Si le peuple, ajoute-t-il, ou gagné, ou forcé

« par Tibérius, rend quelque ordonnance qui soit con-
« traire aux lois, je ne la ratifierai pas. »

Alors Nasica sortant des bancs : « Puisque le consul, « s'écrie-t-il, trahit la république, que ceux qui veulent « aller au secours des lois me suivent ! » En parlant ainsi, il roule le bord inférieur de sa toge autour de son bras gauche, en tire un pan sur sa tête comme s'il allait à une cérémonie sacrée, et s'élance hors du temple. La plupart des sénateurs le suivent en roulant aussi leur toge sur leur bras gauche. Leurs amis et leurs partisans, des chevaliers, des esclaves apostés, des affranchis, se joignent à eux, ralliés par Scipion, qui crie : « Suivez-moi, citoyens, qui voulez sauver la « patrie. »

Cette troupe pousse devant elle tout ce qu'elle rencontre, sans que personne lui oppose la moindre résistance; frappés de la dignité de Scipion et de celle des sénateurs et des chevaliers, la plupart des partisans de Gracchus prennent la fuite en se renversant les uns sur les autres. Les gens de la suite de la noble cohorte sont armés de massues et de gros bâtons qu'ils ont apportés. Parmi les sénateurs, plusieurs ont des *dolons*, espèces de bâtons à dard ou de poignards cachés dans un bâton ; mais le plus grand nombre s'arme des débris et des pieds de bancs, ainsi que de diverses sortes de glaives ou d'instruments tranchants ou contondants, qu'ils arrachent des mains des partisans de Gracchus qui se les laissent prendre sans résistance. La troupe se dirige vers Tibérius, que Nasica lui désigne de la main; elle frappe tout ce qui se trouve sur son passage, hommes, femmes et enfants, tue, blesse ou met en fuite.

Le moment représenté est celui où la troupe des patriciens commence à fondre sur la foule qui environne le tribunal du président des comices, et remplit l'Intermont. Elle arrive par le côté droit du tableau; un certain nombre d'individus, ne voulant pas prendre part au combat, se réfugient sur le grand escalier qui conduit au temple de Jupiter-Capitolin. Les édituens, gardes du temple, font fermer les portes de l'enceinte sacrée, après avoir toutefois laissé entrer quelques fuyards, hommes, femmes et enfants, qui, se postant sur les murs de cette enceinte, deviennent spectateurs attentifs et animés de ce qui se passe dans l'Intermont.

D'autres, qui ne fuient pas, grimpent sur les piédestaux des colonnes monumentales et des statues de l'Intermont, quelques-uns sur la croupe des statues équestres, et lancent des pierres sur la troupe de Scipion. Plusieurs animent contre elle de gros chiens molosses.

Q. Mummius est toujours sur son tribunal ; il regarde au loin ce qui se passe. Les citoyens appelés aux suffrages paraissent incertains s'ils continueront à voter, s'arrêtent sur les ponts des comices, et se tournent du côté où le tumulte éclate.

Vers la gauche, sur le devant du tableau, sont les tribuns du peuple dissidents : Rubrius, Publius Saturéius, et l'ancien tribun Cnéus Octavius, naguère déposé par Gracchus. Leur figure exprime la joie, la colère ou l'inquiétude, et ils se montrent Scipion Nasica, comme pour s'encourager à l'aller joindre.

Gracchus est toujours à la même place ; il regarde ses partisans les plus éloignés, et répète le geste de porter la main à sa tête pour leur signifier le danger qu'il court.

Issue de l'événement. — La lutte finit par être défavorable à Gracchus : tous ses partisans furent mis en déroute, et lui-même, isolé, dut avoir recours à la fuite ; il se lança dans le clivus capitolin ; les patriciens l'y poursuivirent, il tomba, et comme il se relevait, Publius Saturéius, l'un de ses collègues, le frappa sur la tête avec un pied de banc, et le tua.

## SCÉNOGRAPHIE.

Le plan général de l'*Intermont* est restauré d'une manière complète dans *Rome au siècle d'Auguste*. (Voy. t. I, *Plan de Rome antique*, nos 70 et suiv., et le texte explicatif joint à ce plan, même volume, p. 33 et suiv., où l'ensemble, et jusqu'aux moindres détails, en sont justifiés d'après les témoignages de l'histoire ou de l'archéologie.) On pourra consulter aussi dans le même ouvrage, t. I, p. 466, une restauration pittoresque de l'*Intermont*, par M. Léveil.

Le peintre fera peut-être bien, pour l'effet du tableau, de prendre son point de vue un peu plus rapproché du *Portique de Scipion Nasica*, de manière à avoir le temple de Véjovis et le Bois de l'Asyle dans les fonds et vus presque de face.

Le tribunal du président des comices pourrait être ombragé d'une petite voile, attachée en partie à l'Arc de Scipion, et soutenue en avant par de longues perches.

Sur les *Ponts des comices* et la manière de voter dans ces assemblées, voyez *Rome au siècle d'Auguste*, t. II, p. 24 et suiv. — Le *panier à bulletins* et les *Ponts* sont représentés sur une médaille de la famille *Licinia*, gravée dans le *Thesaurus Morellianus*, tab. I, n° 18; et dans Vaillant, Familles romaines, *Silia*, 1.

## PERSONNAGES,

### CARACTÈRES ET COSTUMES.

TIBÉRIUS GRACCHUS. Grand, bonne tournure, belle figure douce et calme. Âge : 29 ans. — Costume : la toge blanche unie, sans tunique dessous, accoutrement ordinaire de tous les candidats.

FULVIUS FLACCUS. Sénateur âgé de 30 ou 35 ans. Figure où éclatent la probité et l'énergie. — Costume : toge blanche unie, une tunique *laticlave* ornée d'une large bande de pourpre.

et serrée sur les hanches avec une ceinture; un anneau d'or au petit doigt de la main gauche.

BLOSSIUS DE CUMES. Philosophe âgé de 30 à 40 ans. — Costume : habit grec, tel qu'on le portait dans la grande Grèce.

DIOPHANES DE MYTILÈNE. Rhétheur grec, âgé de 30 à 40 ans. Costume : le *pallium*.

CAÏUS BILLIUS. Personnage inconnu, mais qui dut être l'un des plus fougueux partisans de Tibérius Gracchus, ainsi que Diophanes, car le sénat les fit mettre à mort après la ruine du tribun.

SCIPION NASICA. Souverain pontife, âgé de 41 ou 42 ans[1]. Sa figure n'est pas connue, mais l'on pourrait supposer un peu de ressemblance avec Scipion le premier Africain, qui avait une figure noble, énergique, le regard ferme, vif et profond. Voyez son portrait dans VISCONTI, *Iconographie romaine*, t. I, pl. 3, c. 3, p. 33 et suiv. — Costume : la toge prétexte blanche, bordée d'une bande de pourpre. Le pan de la toge, ordinairement rejeté derrière l'épaule droite, est tourné autour de son avant-bras gauche.

Les Romains avaient coutume, lorsqu'ils étaient au moment d'un combat imprévu, de rouler ainsi autour du bras gauche leur toge, ou bien, à la guerre, leur *sagum*, pour leur servir comme de bouclier (CÆS., *De bell. civ.*, I, 75; PETRON., c. 80). — Sur une médaille de Démétrius Poliorcète, décrite par Cupérus, on voit Neptune, le bras gauche entouré du *peplum*, et brandissant son trident du bras droit, comme un homme prêt à combattre. On lit à l'exergue : ΒΑΣΙΛΕΩΣ ΔΗΜΗΤΡΙΟΥ.

QUINTUS MUMMIUS. Tribun du peuple, âgé au moins de 30 ans, âge requis pour le tribunat. Figure où l'on distingue

---

[1]. On ne trouve dans aucune biographie ni dans aucune histoire la date de la naissance de Scipion Nasica; mais comme on sait qu'il fut questeur l'an 605 de Rome, et que nul ne pouvait occuper la questure avant l'âge de 26 ou 27 ans, Scipion devait avoir 41 ou 42 ans, l'an 620 de Rome.

un mélange d'énergie et de douceur, mais néanmoins avec le caractère d'un homme subalterne. C'est lui que Gracchus fit subroger dans le tribunat à Cnéus Octavius, parce que ce dernier s'opposait à la loi agraire que Gracchus voulait faire recevoir par le peuple. — Costume : la toge unie du simple citoyen, les tribuns du peuple n'ayant pas de costume spécial.

PUBLIUS SATURÉIUS. Tribun du peuple. Figure énergique. C'est lui qui tua Tibérius Gracchus d'un coup de pied de chaise asséné sur la tête. — Costume : voyez l'article précédent.

CNÉUS OCTAVIUS. Tribun du peuple gagné par les riches, et que Gracchus a fait déposer du tribunat quelques mois auparavant. Caractère intrépide et obstiné. Agé de 30 à 31 ans.

RUBRIUS. Tribun du peuple, caractère indécis, qui, ayant commencé à présider les comices pour l'élection de Gracchus, céda, sur quelques observations des riches, la présidence à Q. Mummius.

TITUS ANNIUS. Homme subtil et fin, argumentateur renommé, mais qui n'était ni bon, ni honnête.

SÉNATEURS. Voyez plus haut p. 7, *Fulvius Flaccus*.

CHEVALIERS. Agés de 18 ans, jusqu'à la vieillesse. — Costume : l'*angusticlave* ou tunique avec une étroite bande de pourpre. Par-dessus l'angusticlave, la *trabée*, toge courte, en pourpre violette rayée de bandes d'écarlate, et attachée sur l'épaule droite. Un collier d'or flotte sur leur poitrine, et ils ont un anneau d'or ou de fer au petit doigt de la main gauche.

PEUPLE ET PLÈBE. La *toge* est l'habit du citoyen romain ; mais parmi la plèbe la plupart des citoyens n'ont qu'une tunique pour tout vêtement. Les enfants sont peu vêtus, et presque nus. Il y a aussi parmi la foule quelques citoyens agriculteurs, accourus à Rome pour soutenir Gracchus de leur vote, mais en très petit nombre, parce que les campagnards étaient alors retenus chez eux par la saison des travaux.

Affranchis et esclaves. Vêtus de tuniques, comme la plèbe. Les affranchis ont le *pileum*, bonnet de laine blanche, insigne de l'affranchissement.

Viateurs et appariteurs. Petite toge courte et unie, et une longue baguette à la main.

## AUTEURS A CONSULTER,

### avec l'indication des passages spéciaux.

Plutarque, *Hommes illustres*, vie de *Tib. Gracchus*, c. 8 et suiv., et surtout 16 à 20; vie de *C. Gracchus*, c. 1, t. IV, édit. de Reiske, grec-latin; — ou trad. franç. d'Amyot, *Tib. et C. Gracchus*, c. 11 et suiv., et surtout 24 à 29, et c. 32; — ou trad. franç. de Ricard, c. 16 et suiv., et surtout 19 à 28.

Appien d'Alexandrie, *Histoire des guerres civiles de la république romaine*, liv. I, p. 604 à 615, t. II, édit. Tollius, grec-latin; — ou trad. française de Combes-Dounous, t. 1, liv. I, c. 1, 2, p. 12 et suiv.

Velléius Paterculus, liv. II, c. 2, 3; — ou trad. française de Després, avec le texte latin en regard, dans la Bibliothèque latine-française de Panckoucke.

Valère-Maxime, liv. III, c. 2, n° 17; — ou trad. française de Frémion, avec le texte latin en regard, dans la Bibliothèque latine-française de Panckoucke.

Florus, liv. III, c. 14; — ou trad. française de Ragon, avec le texte latin en regard, dans la Bibliothèque latine-française de Panckoucke.

Saint-Réal, *Conjuration des Gracques*, p. 164 et suiv., édit. des œuvres choisies, Paris, L. Janet, 1819, 1 vol. in-8°.

Vertot, *Histoire des révolutions de la république ro-*

*maine*, liv. VIII, p. 313, édit. des œuvres choisies, t. II, Paris, L. Janet, 1819, 12 vol. in-8°.

De tous les auteurs cités ici, les principaux pour l'étendue du récit, l'abondance des détails et le dramatique de la narration, sont Plutarque et Appien.

Velléius Paterculus, Valère Maxime, et Florus, rappellent le fait en termes très concis, plutôt qu'ils ne le racontent.

Saint-Réal et Vertot n'ont fait que copier Appien et Plutarque, et souvent sans bien les comprendre. Leurs récits sont pleins de vague, manquent complètement de couleur locale, et ne valent guère mieux que des rédactions d'écoliers.

*Observations.* Les personnes qui liront le récit d'Appien dans la traduction de Combes-Dounous, y verront que les partisans de Gracchus, commençant le combat, *s'emparèrent des verges qui étaient entre les mains des licteurs*. C'est une fausse interprétation : les tribuns, même dans l'exercice de leurs fonctions, n'avaient point de *licteurs*, mais *un seul viateur*. Il s'agit, dans le passage d'Appien, d'*appariteurs*, qui dans toutes les nombreuses assemblées du peuple, étaient chargés de maintenir l'ordre, et portaient avec eux un long bâton. Ricard a commis la même faute dans sa traduction de Plutarque.

Appien fait une erreur lorsqu'après avoir dit que le sénat s'assembla dans le temple de la Foi, il ajoute, quelques lignes plus bas, en parlant de la marche de Scipion contre Gracchus : « Les sénateurs prirent le chemin du Capitole. » Ceci est inexact, puisque le temple de la Foi était sur le Capitole même, dans l'Intermont. Voyez le récit de Velléius-Paterculus.

Appien dit encore qu'au moment où le désordre commença d'éclater, les *prêtres fermèrent les portes du temple de Jupiter*, et plus bas, il ajoute que *Gracchus, atteint dans l'enceinte sacrée, fut égorgé près de la porte, à côté de la statue des rois*. Le temple de Jupiter Capitolin était enfermé dans une enceinte sacrée qui n'avait d'autre entrée qu'une porte située au sommet de l'escalier *à cordonata* qui y conduisait, et dont nous avons parlé plus haut. (Voyez, sur cette disposition, le *Plan de Rome*, n$^{os}$ 78, 79, dans *Rome au siècle d'Auguste*, t. I, et dans le même ouvrage, t. I, p. 466, la *Vue de l'Intermont*, précédemment citée); c'est la porte de cette enceinte qui fut fermée, et par conséquent Gracchus ne put pénétrer jusqu'aux statues des rois, qui étaient sous le péristyle même du temple. Il fut tué dans le Clivus Capitolin, Paterculus le dit positivement.

### ÉPOQUE ET MOMENT DU DRAME.

L'action se passe probablement pendant le mois de juin. Appien, qui seul donne ce détail important, dit un peu vaguement : « On était déjà en été, et les comices pour le tribunat étaient prochaines. » Et plus bas : « Il fit inviter tous les citoyens des champs à se rendre à Rome pour donner leurs voix ; mais ils n'en eurent pas le temps, à cause des travaux de la saison. » — Les assemblées du peuple étant convoquées ordinairement dès la première heure du jour, c'est-à-dire, au mois de juin, et sous le climat de Rome, à un peu plus de quatre heures du matin, notre drame a dû se passer de huit à neuf heures du matin ; par conséquent la lumière vient du côté gauche du tableau, et donne à peu près en plein sur la façade du temple de Jupiter-Capitolin.

N° 2.

LES MENDIANTS DU PONT SUBLICIUS.

(*Paysage historique.*)

PROGRAMME.

Le pont Sublicius, sur le Tibre, vis-à-vis du mont Janicule, était, ainsi que ses abords, le rendez-vous de la plupart des mendiants de Rome ; là on en trouvait de toutes sortes, des boiteux, des estropiés vrais ou faux, et d'autres tout à fait valides, malheureux naufragés ruinés.

Parmi ces derniers, les uns sollicitaient la pitié publique en montrant, pendu à leur cou, un tableau qui représentait leur naufrage ; d'autres, en portant simplement une longue perche entourée de bandelettes, et récitant leurs malheurs à qui voulait les entendre.

Enfin on trouvait là aussi quelquefois le mendiant

philosophe, espèce de parasite grec. On le reconnaissait à sa figure et plus encore à son pallium. Souvent des enfants l'environnaient et s'amusaient à le tirer, qui par son manteau, qui par sa barbe, en sautant après lui, et criant, par forme d'injure : *Grécot! Grécot!* (Extrait abrégé de *Rome au siècle d'Auguste*, t. II, p. 181 et suiv.)

Le site représente le mont Janicule, avec une partie des *Murs* qui le joignent à la ville. Au sommet est une antique *Forteresse*, bâtie par Ancus Marcius, quatrième roi de Rome; vers le bas sont les *Jardins de Lucius et Caïus*, ornés de portiques, de statues, et d'un petit amphithéâtre qui contient la *Naumachie d'Auguste*.

Au-dessous de ces jardins, à gauche, le *Temple et le bois de Furina*; à droite, le *Tombeau de Numa*, grande pyramide au milieu d'une place environnée de portiques.

En dehors des murs, à gauche, on voit les *Jardins de César :* ils s'étendent en partie le long du Tibre, dont la *voie Portuense* les sépare, et sont fermés de ce côté par un portique décoré de statues. Au delà du portique et par-dessus des touffes de verdure, on aperçoit le petit temple de *Fors-Fortuna* ou la Fortune fortuite, et plus haut, une jolie maison de plaisance.

## SCÉNOGRAPHIE.

La scénographie, on vient de le voir, forme la partie importante de notre *Programme;* cependant ce que nous en avons pu dire ici est trop sommaire : on la trouvera amplement détaillée dans la *Description de Rome* et sur le *Plan* qui accompagnent *Rome au siècle d'Auguste*, t. I, p. 184 et suiv., n°s 296, 297, 298, 299 ; 300, 301 et 302 de la Description et du Plan.

Quand on possédera bien cette description historique en même temps qu'archéologique, il sera nécessaire d'en compléter l'étude par un examen, à Rome même, de la topographie proprement dite, qui a peu changé : l'artiste ira se poster soit devant le *Ponte Rotto;* soit proche du petit temple rond appelé encore *temple de Vesta* par la plupart des antiquaires, et si faussement, quoique devant la *Bouche de la vérité;* soit enfin au pied du mont Aventin : là, instruit d'un peu de science, s'isolant dans la méditation en promenant sa vue sur la montagne qui borde la rive opposée du Tibre, il pourra facilement, par la force de la pensée et de l'imagination, restaurer, même en présence des édifices modernes, le site tel qu'il était dans l'antiquité ; il le verra se parer de nouveau de ses grandes et belles masses de verdure animées et contrastées par les vieux murs de Rome, dominées par l'antique Forteresse d'Ancus, égayées par divers temples, par des monuments d'une architecture élégante et riche, et par le chemin presque triomphal, conduisant aux jardins de Lucius et Caïus, et qui bordé de colonnes rostrales, avait valu, je crois, à ce quartier, le nom de *vicus rostré*[1].

Il ne devra pas oublier, dans ce pèlerinage, qu'il existe encore quelques ruines de la Forteresse d'Ancus Marcius proche et un peu au-dessous de S. Pietro in Montorio.

---

[1]. Vicus Rostrati. P. Vict. *de Reg. urb. Romæ*, xiv.

Les murs de Rome, ainsi que ceux de la Forteresse, devront suivre les diverses anfractuosités du terrain, mais ils seront toujours en *sections droites* ; les murs hérissés de tours multipliées ne sont pas de ces temps primitifs. Voyez dans MICALI, *l'Italie avant la domination des Romains*, atlas pl. 2, 3, 4, 5, 6, les plans des enceintes des anciennes villes de Populonia, Roselle, Cossa, Fiesole et Cortona ; toutes étaient des villes fortes, et aucune n'a ses murs hérissés de tours. Cossa seule, dans une enceinte de plus de 1,500 mètres de développement, a 6 tours : 4 en saillie sur la partie extérieure de ses murs, 2 en saillie sur la partie intérieure, et toutes six fort inégalement espacées.

Pour la disposition et le dessin des jardins, leur ornementation par les œuvres de l'art, architecture et sculpture, ainsi que pour les détails relatifs aux espèces d'arbres qu'on y cultivait on lira la lettre sur *les Jardins*, dans *Rome au siècle d'Auguste*, t. II, p. 114 et suiv.

Le *Pont Sublicius*, si célèbre dans l'histoire, devra avoir quelque importance : il faut le représenter à l'époque où il est encore tout en bois, sans qu'il entre ni fer ni cuivre dans sa construction, parce que cela était défendu par un oracle. Il avait cinq arches, trois grandes au milieu du fleuve, et deux petites, une sur chaque rive. Cette disposition se trouve reproduite au pont Cestius, aujourd'hui S. Bartolomeo, qui conduit de l'Ile du Tibre au Janicule. Les cinq arches sont indiquées par les ruines marquées sur le grand Plan de Rome de Nolli, et sur le beau plan de la même ville, de M. Letarouilly.

On s'inspirera, pour l'aspect pittoresque, de divers ponts représentés sur les bas-reliefs de la colonne Trajane, ainsi que sur les médailles ; mais il faudra rectifier ces images d'après les lois de la construction, car la plupart ne sont presque que des figures de fantaisie. Le sol du pont devra être en madriers apparents.

On n'oubliera pas que nulle part le Tibre n'est encaissé dans des quais, et que ses eaux ont une légère teinte blanchâtre tirant un peu sur le vert si le fleuve est bas, et jaunâtre s'il est grossi par les pluies.

La *voie Portuense* est pavée en polygones irréguliers de lave basaltique, comme toutes les voies romaines, et elle aboutit à une porte dans le mur de la ville. Cette porte peut être en saillie intérieure sur le mur. Voyez pour les portes en saillie intérieure, MICALI, l'*Italie avant la domination des Romains*, atlas pl. 4 et 6.

## PERSONNAGES,
### CARACTÈRES ET COSTUMES.

Le sujet principal du tableau étant le site, les personnages sont accessoires, et n'auront que peu d'importance. D'ailleurs ce sont des mendiants, des estropiés, figures peu agréables à représenter en grande peinture. Les mendiants sont à peine vêtus, et portent soit une tunique trouée et rapiécée d'étoffes de toutes couleurs, soit un lambeau de toile seulement autour des hanches. Ils sont nu-pieds, s'appuient sur un bâton ou sur des béquilles, et ceux qui marchent courbent leurs épaules sous une besace. Ils ont la barbe longue, touffue, et les cheveux sales et en désordre. Leur air est humble, soumis, obséquieux; ils tendent la main aux passants, et leur envoient des baisers en sollicitant la générosité d'une aumône.

### ÉPOQUE ET MOMENT DU DRAME.

L'époque du tableau est la première moitié du règne d'Auguste, avant l'an de Rome 731. Cette année même, le pont Sublicius fut emporté par une crue du Tibre, et l'année suivante on le reconstruisit en pierre.

Le drame du tableau n'a proprement ni saison, ni époque, ni heure fixe ; cependant, comme il y a beaucoup de verdure dans le site, il faudrait choisir la saison d'automne, qui fournit des variétés et des dégradations de feuillage si avantageuses à rendre.

L'heure du jour n'est pas non plus indifférente, tant pour l'effet général du site que pour la vérité du drame : les Romains, même en automne, n'étant dehors que le matin jusqu'à midi, et le soir depuis deux ou trois heures, il faut prendre un de ces deux moments. Je pense que l'on doit préférer le matin, parce qu'alors le tableau sera éclairé de face, ou un peu de côté, vers la gauche du spectateur; en prenant le soir, le site serait dans l'ombre, le soleil se couchant presque derrière le mont Janicule.

N° 5.

LE PROCÈ DE MILON.

(*Tableau d'histoire.*)

PROGRAMME.

Une très-vive inimitié, suite de dissentiments politiques, existait entre Titus Annius Milon, citoyen important de Rome, et Publius Clodius, ancien tribun du peuple. Plusieurs fois ces deux hommes, à la tête de leurs partisans, en étaient venus aux mains dans Rome même. Un jour ils se rencontrèrent hors de la ville, sur la voie Appienne, chacun avec une suite nombreuse, et aussitôt une nouvelle collision eut lieu, pendant laquelle Milon fit tuer Clodius.

Poursuivi judiciairement pour ce meurtre par la famille et les partisans de son ennemi, Milon eut à soutenir un procès criminel qui, pendant trois jours, occupa Rome, et la jeta dans une telle agitation, que les juges, pour mettre fin à des violences et à des désordres qui, dès la première audience, avaient interrompu le cours de la justice, invitèrent Pompée, alors seul consul, à disposer autour du tribunal une force armée capable d'imposer aux perturbateurs et aux séditieux. Grâce à ces précautions, l'affaire put être instruite, plaidée, et jugée.

Le tableau représente la troisième et dernière audience, au moment où vont avoir lieu les plaidoiries.

Le lieu de la scène est le *Forum romain;* au fond est le *mont Capitolin*, avec le *temple de Jupiter* à droite, à gauche la *Forteresse*, au milieu le *Tabularium.* Au bas du Tabularium, on voit, à droite, le *temple de la Concorde;* un peu au-dessous, la *Prison publique;* à gauche, le *temple de la Fortune*, puis le *temple de Saturne.*

Au milieu du Forum s'élève un grand hémicycle en pierre, qui est le *Tribunal du préteur.* Le monument encore inachevé, situé à peu près derrière le tribunal, et dont la façade offre une double colonnade superposée, est la *Basilique de Paulus.*

Dans le tribunal sont quatre-vingt-un juges, et au fond, sur un siège plus élevé, le préteur-président. Derrière lui se tient debout un hérault ou crieur réclamant le silence; devant est une table sur laquelle on voit une corbeille avec quelques ballottes au bas, et des piles de tablettes à écrire : les ballottes ont servi à tirer au sort, dans le corps judiciaire, les juges qui siégent, et les tablettes vont servir à tracer les votes.

En avant de la table sont des scribes, assis sur des bancs et écrivant sur leurs genoux.

Parmi la double file de juges qui fait face aux spectateurs, il y en a un debout, c'est M. Caton (d'Utique).

A la pointe droite du tribunal, en dehors de la barrière qui le ferme, on voit Cicéron, debout, pâle, inquiet et prêt à plaider pour Milon, dont il est le principal défenseur. Milon siége près de lui, et le regarde d'un air confiant, comme pour le rassurer. Un peu en arrière de Cicéron, au bas des marches du tribunal, se tiennent six autres défenseurs de Milon, en avant desquels on distingue Hortensius, Faustus Sylla, et Marcellus. Il y a aussi quelques *advocats*. Tous, dans différentes attitudes, observent Cicéron et semblent attendre sa parole avec impatience. Fausta, femme de Milon, est derrière son mari.

Vis-à-vis de Cicéron, à l'autre pointe du tribunal, s'agite Appius l'aîné, accusateur de Milon; il est vu de profil, quoique tournant le dos au spectateur. Il a près de lui pour *custodes* ou accusateurs en second, son frère Appius Minor, M. Antonius et P. Valerius Nepos. Métellus Scipion et Crassus, ennemis de Milon, font partie de ce groupe, dont plusieurs regardent derrière eux, faisant des signes d'intelligence à des gens cachés dans la foule, pour les provoquer à crier et à commettre du désordre, afin que Cicéron ne puisse pas parler.

Sempronia, mère de Fulvie, la veuve de Clodius, se trouve aussi auprès du tribunal. L'air triste et désespéré, elle montre Milon du doigt. Fulvie est abattue dans sa douleur.

Au temple de Saturne, sous le portique, on voit des soldats en armes, et au milieu d'eux Pompée. Une chaise curule est près de lui, mais il vient de se lever, en s'avançant sur le bord du portique, et donne, du geste, l'ordre de réprimer les perturbateurs. Des soldats les poursuivent, les frappent à coups de plat d'épée, en blessent et en tuent quelques-uns. Les douze licteurs consulaires sont rangés au pied du temple avec leurs faisceaux sans hache.

Sous les portiques du temple de la Fortune, du temple de la Concorde, de la Basilique de Paulus, il y a également des soldats postés pour réprimer le désordre. Au bas du temple de la Fortune, on voit une litière fermée dans laquelle Milon a fait transporter

Cicéron pour lui dérober la vue des agitations du Forum, qui auraient pu l'effrayer.

Une foule d'hommes et d'enfants sont perchés sur tous les édifices pour voir le tribunal et assister à la cause. Il y a une société d'hommes et de femmes sur le balcon de la Basilique de Paulus [1].

Au premier plan du tableau, vers la gauche, est un échafaud en planches, occupé par une société de spectateurs et de spectatrices des classes riches.

Dans les diverses parties du Forum, hommes, femmes, enfants, fort animés; marchands de pois frits et de cicers cuits à l'eau, marchands de gâteaux, criant et vendant leur marchandise.

Cicéron plaida pour Milon l'an 701 de Rome, le 8 avril, à la quatrième heure du jour, répondant, sous ce climat, à 9 heures et demie du matin.

ISSUE DU PROCÈS. — Ce que Milon avait craint arriva : Cicéron, intimidé par l'appareil militaire disposé autour du Forum, ne se sentit point inspiré par l'éloquence abondante et chaleureuse qui l'animait habituellement : son discours fut froid, court, embarrassé, et produisit peu d'impression; aussi ne put-il sauver Milon, qui fut déclaré coupable et condamné à l'exil.

[1]. Tous les détails de ce procès sont réunis dans *Rome au siècle d'Auguste*, lettre XLI, t. II, p. 218 et suiv.

Le beau plaidoyer pour Milon, que nous avons aujourd'hui, n'est que la seconde édition du discours primitif *revu, augmenté et corrigé.*

---

## SCÉNOGRAPHIE.

Les indications sommaires données plus haut sont fort insuffisantes pour restaurer la scénographie de ce tableau ; d'ailleurs elles ne contiennent pas tout le Forum, et il est nécessaire que l'artiste connaisse bien cette place célèbre pour choisir le point de vue qui lui semblera le plus avantageux à l'effet général ; pour savoir s'il devra se placer plus ou moins avant, c'est-à-dire plus ou moins loin de l'œil du spectateur, suivant l'étendue qu'il voudra donner à la scène, soit qu'il veuille l'embrasser en entier, soit qu'il se borne au groupe qui fait le sujet réel du tableau, au tribunal, et ne traite le reste qu'en accessoire.

Pour acquérir la connaissance scénographique indispensable, voyez la restauration de M. Léveil, sur le Plan joint à *Rome au siècle d'Auguste*, n[os] (du Plan et de la Description), 55, 57, 58, 59, 60, 61, 62, 70, 72, 75, 76, 81, 82, 83, 86, 88, 124, 131 ; voyez aussi la lettre III, p. 226, du même volume du même ouvrage, et la *Vue du Forum romain*, placée à la p. 235, vue restaurée exactement d'après le Plan précité.

Nous ferons observer que ce Plan et cette Vue ayant été tracés pour les époques d'Auguste et de Tibère, il faudra en exclure quelques monuments qui n'existaient pas alors, tels que le *temple de Jupiter-Tonnant* (n° 84), qui fut construit par l'empereur Auguste ; les *Rostres* (n° 85), placés du temps de Milon, devant la curie Hostilia (n° 122), et par conséquent ne pouvant être vus de la partie du Forum où nous sommes; le *Tribunal du Préteur* (n° 128), qui se trouvait un peu plus haut, vers le mont Capitolin, et que J. César, pendant sa dictature, fit transporter où nous l'avons mis. Cependant, la première position n'est pas tellement incontestable, que l'artiste ne puisse, à la rigueur, adopter la dernière, ce qui donnerait plus d'air, plus de perspective au fond de son tableau, et lui permettrait de grandir les proportions des personnages de sa scène principale, en les mettant à peu près sur le premier plan.

Le Tribunal pourrait aussi, sans invraisemblance, être tourné de profil, c'est-à-dire regardant la Grécostase (n° 124). Cette position serait plus avantageuse pour faire voir de face une partie des juges qui le remplissent.

On observera, pour la facilité du point de vue, que depuis l'*Arc de Fabius* (n° 127), placé au croisement de la voie Neuve sur la voie Sacrée, le sol du Forum va toujours en s'abaissant, dans une proportion considérable, jusqu'au bas du mont Capitolin. Voyez la *Description de Rome*, citée plus haut, p. 196, *rectification pour la page* 13.

La *Basilique de Paulus* n'ayant été commencée qu'en 699, et dédiée l'an 720, devra être indiquée comme un monument encore inachevé, quoique très-avancé. On placera sur ses murs des appareils de construction, tels que chèvres, moufles, cordages, appareils de traction des pierres taillées, etc. Voyez des machines et des outils de ce genre dans PIRANESI, *Antich. Rom.*, t. III, tav. 53, 54.

L'*échafaud* érigé au premier plan, et sur lequel on voit une société de spectateurs et de spectatrices, est ombragé par une voile de couleur. Des femmes et des jeunes gens qui l'occupent, causent et rient ensemble, sans détourner complétement leur vue du Forum. Les femmes sont assises sur des bancs de bois, et chacune a un coussin sous elle. L'une a un petit serpent vivant autour du cou; une autre tient une boule de cristal dans la main, et joue avec; une troisième est éventée avec un éventail en plumes de paon par un des jeunes hommes. De petits esclaves noirs apportent des rafraîchissements. Voyez sur tous ces détails, *Rome au siècle d'Auguste*, t. I, lettre XVIII, p. 383.

Il faudra prendre garde à ce que cette scène accessoire ne prenne trop d'importance, de peur de nuire à l'unité du tableau, en distrayant l'attention du drame qui se passe au tribunal. C'est pour éviter cet écueil que je propose d'abriter l'échafaud sous une voile, afin de le tenir un peu dans l'ombre. Ce petit artifice n'a d'ailleurs rien que de vraisemblable, car ces échafauds, dressés par des spéculateurs pour des jeux ou des fêtes publiques, étaient presque toujours ainsi ombragés.

## PERSONNAGES,

### CARACTÈRES ET COSTUMES.

MILON. Habit du simple citoyen, la toge, mais très-propre; en général, beaucoup de recherche dans tout son accoutrement et dans sa coiffure. L'air calme, confiant et énergique. Age: 45 ans environ.

CICÉRON. La toge ordinaire. L'air soucieux, inquiet, craintif, regardant tristement les juges ou le peuple. Figure historique Voyez VISCONTI, *Iconographie romaine*, pl. 12, et t. I, c. 4, § 3, p. 170 et suiv.—Voyez aussi un beau buste du palais Mattei, gravé dans *l'Histoire romaine de Salluste*, par Debrosses, t. III, p. 66. Age: 55 ans.

HORTENSIUS. Même costume que Cicéron. Figure historique. Voyez VISCONTI, *Iconographie romaine*, pl. 11, et t. I, c. 4, § 2, p. 159.—L'air calme, ferme et confiant. Age: 61 ans.

## N° 3. — LE PROCÈS DE MILON.

Défenseurs et advocats de Milon. Habits négligés et de deuil, la barbe non rasée depuis plusieurs jours, l'air profondément triste et inquiet,

Faustus Sylla. Ressemblance inconnue; pourrait être prise sur celle de Sylla, son père, dont on a un buste gravé dans *l'Histoire romaine de Salluste*, par Debrosses, t. I, p. 178, et dont il existe une statue assise, qui se voyait jadis à la villa Negroni, et que l'on trouve gravée dans Lens, *le costume des peuples anciens*, pl. 40.—Age : environ 25 ans. Sylla mourut l'an 676, et Faustus était alors très-jeune garçon, allant à l'école.

Marcellus. Était probablement M. Claudius Marcellus, ami de Caton d'Utique, dont il partageait tous les sentiments politiques. Ami d'enfance de Caton, il devait être à peu près de son âge, et par conséquent avoir environ 40 à 42 ans, l'an 701.

M. Caton (d'Utique). Caractère plein de probité et d'énergie. Voyez son portrait en buste, d'après une pierre gravée du cabinet du duc d'Orléans, régent, et reproduit dans *l'Histoire romaine de Salluste*, par Debrosses, t. III, p. 159. Age : 41 ans.

Pompée. En consul, avec la toge bordée de pourpre. Figure historique. Voyez Visconti, *Iconographie romaine*, pl. 5, et t. I, c. 2, § 18, p. 73, 78 et suiv. — Age : 53 ans.

Appius Claudius l'*aîné*. Homme irrité du meurtre de son frère. Age : 35 à 40 ans. — César, consul l'an 694, fit nommer tribun du peuple P. Clodius, tué par Milon ; ce qui suppose qu'il avait alors au moins 30 ans, âge du tribunat. Il devait y avoir un rapprochement d'âge entre Appius et Publius.

Appius Minor. Age : 30 à 35 ans.

M. Antonius. Inconnu,

P. Valérius Népos. Peut-être le Nepos, proconsul en Espagne, partisan de César, et l'un de ceux qui conspirèrent son élévation. — Ces trois derniers personnages étaient *custodes* de l'accusateur.

**Metellus Scipion.** Homme vain et présomptueux. Il fut plus tard beau-père de Pompée, qui lui donna le centre de son armée à commander à Pharsale. Age : peut-être de 55 à 60 ans.

**L. Domitius Ænobarbus.** Président du tribunal. Ami de Pompée, dont plus tard il suivit le parti, et commanda l'aile gauche de son armée à Pharsale. — Devait être à peu près de l'âge de Pompée.

**Les juges.** Ils sont rangés sur quatre bancs, deux de chaque côté du tribunal. Costume : la toge.

*Héraut.* Les hérauts ou crieurs étant presque toujours des gens de condition libre, devaient porter une petite toge.

*Personnages divers, sur lesquels on n'a pas de renseignements pittoresques, mais dont l'artiste pourra tirer parti pour animer et diversifier son tableau :*

GROUPE DE MILON ET DE SES PARTISANS.

*M. Emilius Lépidus*, sénateur, interroi.
*M. Fufius*, ami de Milon.
*M. Cœlius*, tribun du peuple.
*Maninius Canianus*, ibid.
*M. Callidius.*
*Serv. Sulpicius*, sénateur, interroi.
*M. Bibulus*, sénateur qui proposa le sénatus-consulte par lequel Pompée fut déclaré seul consul.

*Eudamus,* ⎫ gladiateurs qui faisaient partie de la suite de
*Birria,* ⎭ Milon quand il fit tuer Clodius.

*Fustenus*, chef des esclaves de Milon, et celui qui, d'après les ordres de son maître, tua Clodius, blessé.

*Affranchis*, naguère esclaves de Milon.

## N° 3. — LE PROCÈS DE MILON.

### GROUPE DE CLODIUS ET DE SES SOUTIENS.

*C. Cassinius Schola*, chevalier romain, l'un des compagnons de voyage de P. Clodius lorsqu'il fut tué.

*P. Pomponius,* | hommes nouveaux, et compagnons de
*C. Claudius,* | voyage de P. Clodius.

*Munatius Plancus,* | tribuns du peuple.
*Q. Pomponius Rufus,* |

*Plautius Hypsæus*, rival de Milon dans la candidature du consulat.

*Sex. Tédius*, sénateur qui fit rapporter à Rome le corps de Clodius, abandonné sur la voie Appienne.

*T. Munatius Plancus*, ennemi acharné de Milon.

*Q. Petulcius,* | citoyens qui avaient demandé à être les
*L. Cornificius,* | accusateurs de Milon.

*P. Fulvius Nératus*, accusateur de Milon pour le crime de brigue.

*Cabaretiers*
*Taverniers* } de Boville.
*Campagnards*

### ÉPOQUE ET MOMENT DU DRAME.

L'audience où fut plaidé le procès de Milon, eut lieu, comme on l'a vu plus haut, le 8 avril, et commença à neuf heures et demie du matin. A cette heure le soleil frappe presque en plein sur le mont Capitolin, de sorte que le tableau est parfaitement éclairé dans toute sa profondeur. Voyez l'orientation de la topographie sur le *Plan de Rome*, ci-dessus cité.

## N° 4.

AGRIPPA VISITANT LA CLOAQUE MAXIME.

(*Tableau de chevalet.*)

PROGRAMME.

« Agrippa, qui marqua son édilité (l'an 721 de
« Rome) par tant de travaux utiles, ordonna le cu-
« rage des cloaques de la ville, et lorsqu'on lui vint
« annoncer que l'ouvrage était terminé, il voulut, par
« un louable caprice, s'assurer lui-même si ses ordres
« avaient été bien exécutés... Il ordonna de conduire
« une barque à la naissance de la Cloaque maxime, des-
« cendit sous la sombre voûte, et à la lueur des
« torches, navigua jusqu'au Tibre sur ce petit fleuve
« souterrain, nettoyé et grossi par sa munificence. »
(*Rome au siècle d'Auguste*, lettre LXIX, t. III, p. 109.

Le moment représenté est celui où la barque approche de l'embouchure de la Cloaque dans le Tibre. Agrippa, en toge prétexte, costume du directeur ou curateur des eaux, poste qu'il occupe, est debout; auprès de lui on voit un architecte, qui tient à la main des plans dessinés sur parchemin, et un peu en arrière l'entrepreneur des travaux, la main armée d'une règle de bois de chêne de cinq pieds de long (*quincupédal*); devant sont deux scribes, assis et prenant des notes à la lueur d'une petite torche dont un héraut les éclaire. Ces personnages composaient la suite ordinaire du curateur des eaux.

La barque est poussée par des esclaves nus, qui sont dans l'eau. Deux ou trois autres esclaves marchent derrière eux avec des torches; d'autres sont en avant de la barque, et l'on voit sur les parois des murs et de la voûte la lumière du jour et celle des torches qui se combattent au fond du tableau. Les esclaves sont ainsi dans l'eau pour faire voir à Agrippa que la cloaque est bien curée.

## SCÉNOGRAPHIE.

La Cloaque maxime, ouvrage de Tarquin l'Ancien, existe encore. Elle partait du milieu du Forum romain, et venait aboutir au Tibre, un peu au-dessous du pont Palatin, aujourd'hui le ponte Rotto. Nous n'avons à faire connaître ic que son aspect intérieur. C'était, ou plutôt c'est un canal dei 4 mètres 70 centimètres de largeur, revêtu et voûté en grosses pierres de taille de pepérin, appelée par les anciens pierre d'Albe. La voûte, qui forme un plein cintre, a des chaînes, non saillantes, de travertin ou pierre de Tibur, espacées de cinq mètres en cinq mètres, environ. Dans les hautes eaux, le Tibre s'élève au-dessus du niveau de cette voûte; mais, dans les basses eaux, il y a environ quatre à cinq mètres du niveau du fleuve à la clef de l'arc. Pour la description de cette Cloaque, voy. *Rome au siècle d'Auguste*, t. I, *Description* et *Plan de Rome*, p. 167, n° 253. Pour sa représentation, voy. PIRANESI, *Antichità Romane*, t. I, *tav.* XXII, fig. 1; *le Magnificence de' Romani*, *tav.* I, II, III ; ou, ce qui vaudrait encore mieux, le monument même, à Rome, mais dans la saison des basses eaux, et en y entrant avec une barque.

Pour la barque, s'inspirer de quelque peinture d'Herculanum ou de Pompei.

Les eaux de la Cloaque doivent être presque pures, parce qu'elles se composent en grande partie du trop plein des aqueducs de la ville, qui étaient très-abondantes. — Pour le *Quincupédal* de l'entrepreneur, voy. BOISSARD, *Antiq. rom.*, VI *pars*, p. 115 ; — *Musée Capitolin*, IV, 9, p. 12, 22.

## PERSONNAGES,

### CARACTÈRES ET COSTUMES.

Agrippa. Visage très caractérisé, habitude du corps un peu rustique; Pline l'ancien dit d'Agrippa qu'il était plus voisin de la rusticité que de la délicatesse. Figure historique: voy. Visconti, *Iconographie romaine*, planche 8, et p. 138, 139; Musée de sculpture du Louvre, salle de la Diane, n° 196, très-beau buste en marbre, gravé dans Bouillon, t. III, pl. 8. — Costume: la toge bordée de pourpre. Age : 30 à 31 ans.

L'architecte. Costume : toge du citoyen.

L'entrepreneur. *Ibid*.

Scribes, héraut. Costume : petite toge courte.

### ÉPOQUE ET MOMENT DU DRAME.

Cette visite eut lieu l'année même de l'édilité d'Agrippa, l'an 721 de Rome (av. J.-C. 33), en plein jour, à la fin de l'été, alors que les eaux du Tibre sont fort basses.

## N° 5.

LES FUNÉRAILLES ET L'APOTHÉOSE DE L'EMPEREUR AUGUSTE.

(*Tableau d'histoire.*)

### PROGRAMME.

L'empereur Auguste étant mort, âgé de 76 ans, à Nole, ville de la Campanie, son corps fut rapporté à Rome, où le sénat lui fit faire des funérailles magnifiques ; elles eurent lieu dans le Champ-de-Mars, au *Bustum*, grande place circulaire, entourée d'une grille de fer sur un mur de marbre blanc, et plantée d'un cercle de peupliers. « Sur un lit vaste et élevé, orné
« d'or, d'ivoire et de housses de pourpre brodées d'or,
« on voyait une statue de cire à la ressemblance d'Au-
« guste ; une place avait été réservée dans la partie in-
« férieure du lit pour y renfermer le véritable corps...
« Le convoi funèbre gagna la voie Flaminia, à gauche

« de laquelle est le *Bustum*. Là s'élevait le bûcher :
« c'était une espèce de temple carré formé d'une
« énorme pile de bois résineux ; l'intérieur était rempli
« de matières combustibles, et l'extérieur recouvert de
« tentures brochées d'or et décoré de peintures et de
« statues. Ce temple se composait de quatre étages se
« retraitant l'un sur l'autre, de manière que le second
« était plus petit que le premier, le troisième que le
« second, et ainsi de suite. On plaça le lit funèbre au
« second étage de ce magnifique bûcher ; les pontifes
« en firent processionnellement le tour ; les chevaliers,
« les prétoriens et la garde urbaine les imitèrent, mais
« au pas de course, et en jetant dessus les récom-
« penses qu'ils avaient jadis gagnées dans les combats
« et reçues du défunt. Les assistants défilèrent aussi,
« et jetèrent sur le bûcher des parfums, des plantes
« odorantes et toutes sortes d'aromates. Tibère prit
« ensuite une torche enflammée, d'autres furent dis-
« tribuées aux centurions, puis, sur un ordre donné
« par le sénat, tous mirent le feu au bûcher. Dès que la
« flamme en jaillit et que la fumée commença à s'éle-
« ver vers le faîte, on vit partir du petit temple supé-
« rieur un aigle, qui prit rapidement son vol vers le ciel,
« comme s'il emportait l'âme de l'illustre mort. » (*Rome au siècle d'Auguste*, lettre LXXVII, t. III, p. 231, 233.)

## N° 5. — LES FUNÉRAILLES DE L'EMP. AUGUSTE.

Le drame se passe devant et dans le *Bustum*. Sur le premier plan du tableau s'étend la voie Flaminia avec quelques tombeaux ; à droite est un *Bois sacré*, servant de promenade ; du même côté, en arrière du *Bustum*, s'élève le magnifique *Mausolée* qu'Auguste se fit bâtir quarante-quatre ans avant sa mort. Une partie de son étage inférieur est cachée par les masses de verdure du Bois sacré. Sur un troisième plan, vers la gauche du Mausolée, on voit l'*enceinte*, le *temple* et le *bois de Lucine*, et au fond du tableau le *mont Vatican*.

Le moment représenté est celui où Tibère et les centurions viennent de mettre le feu au bûcher : la flamme éclate dans les parties basses, et la fumée commence à gagner l'étage où gît le corps, mais très-légère, de sorte qu'on le distingue parfaitement : l'aigle s'échappe du sommet du bûcher et plane dans les airs, du côté opposé à celui où le vent pousse la fumée.

Tibère, son fils Drusus, et la troupe des centurions (il y en avait cent soixante-six) sont devant le *Bustum*, et considèrent les progrès de la flamme.

De chaque côté de l'entrée du *Bustum* sont plantés des enseignes-tableaux qui ont été portées dans la pompe des funérailles, et sur lesquelles sont gravés les titres des lois rendues et les noms des nations vaincues par Auguste.

Auprès de Tibère et de son fils, un chœur de joueurs de trompette droite font retentir leurs instruments. Derrière eux, Polybe et Hilarion, affranchis, secrétaires d'Auguste, sont plongés dans la plus vive douleur.

Vers la droite du tableau est la vieille impératrice Livie, au milieu des matrones, femmes des sénateurs ou des chevaliers. Beaucoup d'entre elles ont les habits en désordre, les cheveux épars, pleurent, se frappent le sein, se meurtrissent le visage et s'arrachent les cheveux. Une *préfique*, pleureuse à gages, en petite toge noire, est au milieu d'elles et semble régler la pantomime de la douleur et le ton des gémissements.

Le sénat, les chevaliers et les magistrats, occupent la gauche du tableau; tous sont en toges brunes ou en tuniques. Il y a aussi parmi eux de grands signes de douleur.

Les prétoriens, rangés militairement, des chœurs de jeunes garçons et de jeunes filles, chantant des poëmes en l'honneur du défunt, sont derrière le *Bustum*. Le peuple, hommes, femmes, enfants, remplissent le reste de l'espace; beaucoup sont en toges noires, la plupart regardent l'aigle qui s'envole, comme pour dire un dernier adieu au prince qu'ils regrettent; plusieurs se prosternent en signe de respect et de douleur, tandis que d'autres l'adorent en lui envoyant des baisers avec la main.

Enfin aux environs des groupes de Tibère et de Livie, il y a beaucoup d'appariteurs encore munis des flambeaux de cire et des torches de bois de pin, qui ont accompagné la pompe funèbre depuis son départ jusqu'au *Bustum*.

## SCÉNOGRAPHIE.

La scénographie est indiquée sommairement dans le programme; on la trouvera reproduite d'une manière exacte et complète sur le *Plan de Rome* de M. Léveil, dans *Rome au siècle d'Auguste*, t. 1, p. 125 et suiv., n$^{os}$ 184, 185, 186, 187, de la Description et du Plan.

Pour la restauration en élévation du *Mausolée* et du *Bustum*, on pourra s'inspirer de la planche placée dans le même volume du même ouvrage, p. 247, en ayant soin de lire, dans la lettre intitulée *Le Champ-de-Mars*, les pages 251, 252, 253.

Nous indiquerons, pour la restauration du bûcher, une médaille citée à la note 2 de la p. 233, et donnée dans des ouvrages de Choul et de Angeloni; néanmoins il ne faudra s'en servir qu'avec une certaine circonspection, car les graveurs de médailles ne se piquaient ni de beaucoup de fidélité, ni de beaucoup de logique dans leurs dessins. Le deuxième étage, où était le corps, me paraît surtout avoir besoin d'être arrangé, et le couronnement, surmonté d'un quadrige, n'est ni vrai, ni vraisemblable : il ne doit être considéré que comme une bizarre fantaisie d'artiste.

Il y a au bas du bûcher des tas d'armes, des colliers, des

bracelets militaires, des couronnes navales, castrales, murales, rostrales. Voyez sur ces couronnes, *Rome au siècle d'Auguste*, lettre CXVI, t. IV, p. 254 et suiv. Il doit aussi y avoir sur la terre quelques patères de bronze, avec des traces de libations de sang, de vin, et de lait.

## PERSONNAGES,

### CARACTÈRES ET COSTUMES.

Auguste. Costume : la toge triomphale avec la couronne de laurier sur la tête. Bien fait et petit : sa taille était de 5 pieds 9 pouces romains, valant 1 mètre 775 millimètres. Figure historique : voy. Visconti, *Iconographie romaine*, deuxième partie, c. 1, p. 29 et suiv., et pl. 18. — Voyez aussi un très-beau *portrait d'Auguste*, gravé par Raphaël Morgen, et qui se trouve souvent joint à la planche précédente de l'*Iconographie romaine*. — Voy. au Musée de sculpture du Louvre, *statue d'Auguste*, salle des Romains, n° 100, gravée dans Bouillon, t. I; dans Clarac, 2327, pl. 271; — dans le même, Musée du Louvre, salle du Héros combattant, n° 278, un très-beau *buste d'Auguste*, avec la couronne civique, gravé dans Bouillon, t. I.

Tibère. Voici le portrait que Suétone (c. 18) trace de lui. « Son corps était gros et robuste, et sa taille au-dessus de « l'ordinaire; il avait les épaules et la poitrine larges, et du « reste, il était assez bien proportionné... Il avait le teint « blanc, et portait les cheveux un peu longs sur le derrière « de la tête, de manière à ce qu'ils lui descendaient sur la « nuque... Sa figure avait de la noblesse, seulement elle « se couvrait subitement de boutons. Ses yeux étaient fort « grands... Il marchait la tête immobile et penchée, avait un « air sévère, et gardait fréquemment le silence. »

Tibère est vêtu d'une toge prétexte brune, et a la tête couverte d'un pan de cette toge. Son air est sérieux, inquiet, méditatif, mais nullement chagrin. — Figure historique : Voy. VISCONTI, *Iconographie romaine*, deuxième partie, c. 1, p. 77, et pl. 22; — Musée de sculpture du Louvre, salle des Romains, *Statue de Tibère* en toge, n° 111, gravée dans BOUILLON, t. I; dans CLARAC, 2337, pl. 336. — *Buste nu*, même Musée, salle de la Pallas, n° 309; autre buste, avec la cuirasse et le *paludamentum*, n° 329, même salle; salle des Caryatides, n° 682, autre buste avec la couronne civique. Age : 55 ans.

DRUSUS, fils de Tibère. Modelant l'air de son visage et sa contenance sur son père. Même costume que Tibère. Figure historique: Voy. VISCONTI, *Iconographie romaine*, 2e partie, pl. 23. Drusus est aussi représenté au revers d'une médaille d'argent de Tibère, de la plus grande rareté. Ses médailles romaines en bronze, ses médailles grecques, et celles des colonies, sont beaucoup moins rares. Age : 25 ou 26 ans.

LIVIE. La figure composée : l'air triste plutôt qu'affligée, et laissant voir à travers sa tristesse un certain sentiment de joie en regardant Tibère. Costume : une stole blanche, sans collier, sans aucune parure. Figure historique : Voy. VISCONTI, *Iconographie romaine*, deuxième partie, c. 1, p. 34, et pl. 19, 20. — Voy. aussi MONTFAUCON, *Antiq. expliquée*, t. III, pl. 24; — statue en marbre du Musée du Louvre, salle des Caryatides, n° 622, gravée dans BOUILLON, t. II; dans CLARAC, 2341, pl. 313; autre, n° 689, gravée dans BOUILLON, t. I; dans CLARAC, 2340, pl. 312. Age : 71 ans, mais belle encore à travers sa vieillesse.

MATRONES. Même costume que Livie. Femmes de tous âges.

SÉNATEURS. Ils sont en habits de chevaliers, mais sans anneaux.

CHEVALIERS. Leur costume ordinaire (Voy. plus haut, n° 1, p. 9); mais sans anneaux.

COLLÉGE PONTIFICAL. Costume ordinaire des prêtres.

CHŒURS DE JEUNES FILLES. Vêtues de blanc.

CHŒURS DE JEUNES GARÇONS. Vêtus de la toge prétexte de l'enfance, et la bulle au cou. — On pourrait s'inspirer du portrait en pied du jeune Marcellus, neveu d'Auguste, gravé dans VISCONTI, *Iconographie romaine*, deuxième partie, pl. 19 bis.

CENTURIONS. Costume : le *sagum*, une cuirasse, un écu, un casque à cimier argenté. A la main droite, ils ont un bâton de bois de vigne, terminé par une petite masse réservée sur le bois même.

### ÉPOQUE ET MOMENT DU DRAME.

Les funérailles d'Auguste furent célébrées le 4, le 5 ou le 6 septembre, à dix ou onze heures du matin, environ ; la lumière vient donc du côté gauche du tableau, et tout l'intérieur du *Bustum* est fort ombragé par les peupliers.

OBSERVATION. Les funérailles d'Auguste offrent plusieurs scènes qu'on aurait pu choisir de préférence à celle que j'ai indiquée, telles que par exemple, la levée du corps au Palatin ; le moment de l'oraison funèbre sur le Forum ; la marche du convoi, depuis le Forum jusqu'au Champ-de-Mars ; le défilé des assistants autour du bûcher : mais je crois que chacune de ces diverses scènes fournirait une composition moins animée, et même monotone. Le moment de l'inflammation, au contraire, ajoute plus d'intérêt au sujet, en laissant une liberté à peu près absolue pour la disposition des groupes et les diverses expressions des physionomies. Le mélange de la flamme et de la fumée avec la verdure des arbres, l'azur du ciel, le ton du Mausolée et des petits tombeaux des environs, prêtent beaucoup à des contrastes de couleurs et à des effets de lumière toujours avantageux à rendre. Enfin, cet aigle qui emporte l'âme de l'empereur au ciel, en attirant l'œil vers le haut du tableau, agrandit en quelque sorte la composition, et tout en l'étendant lui conserve son unité.

C'est en vue de cette unité que je n'ai pas proposé d'introduire dans le tableau les statues et les autres ornements qui furent portés dans la pompe, en quelque sorte triomphale, du convoi, et qui sans doute avaient disparu au moment où l'on enflamma le bûcher.

Cependant un artiste qui aurait la fantaisie de vouloir traiter les diverses parties du sujet, et de le peindre sur une seule page, divisée en petits cadres, comme cela s'est vu quelquefois, pourrait peut-être rendre avec quelque intérêt tout ce dernier chapitre de la vie d'Auguste : Il le montrerait naviguant dans le golfe du Crater (auj. la baie de Naples); puis malade et mourant à Nole; il ferait voir ensuite le départ de son corps de la même ville; son transport de nuit, et sa réception dans l'un des municipes ou l'une des colonies par où il passa; son arrivée à Rome; enfin son exposition sur l'area palatine, devant la maison impériale. Un tableau de ce genre aurait toujours la valeur que peut donner une exécution plus ou moins parfaite; mais d'un autre côté l'intérêt serait divisé, et surtout la composition artistique perdrait en estime toute la différence qu'il y aura toujours entre un grand tableau d'histoire, et un petit tableau de chevalet.

## N° 6.

UNE SOIRÉE A BAÏES.

(*Paysage historique.*)

PROGRAMME.

« Ici (à Baïes) comme à Rome, comme dans toute
« l'Italie, on se tient renfermé pendant la chaleur du
« jour; mais le soir tout le monde sort. Alors l'Averne
« et le Lucrin se remplissent de baigneurs et de bai-
« gneuses, qui joignent au plaisir du bain celui de la
« natation, et sillonnent la surface transparente et
« paisible de ces belles eaux. Au milieu de cette foule
« d'hommes et de femmes, que l'on prendrait pour les
« tritons et les néréides de ces lacs, glissent des cen-
« taines de barques et de nacelles élégantes, décorées
« presque toutes avec une magnificence voluptueuse :
« les unes ont leur proue argentée ou dorée; d'autres,

« leur poupe surmontée d'un *aplustre* recourbé en pa-
« nache, ou d'un *chénisque* d'or. Les plus simples sont
« peintes en minium. La rame ou la voile poussent ces
« embarcations ; les rames sont légères, brillent de
« nacre ou de lames d'argent ; les voiles sont de
« pourpre ou du lin le plus blanc, sur lequel on a re-
« présenté des sujets érotiques, et inscrit, avec le nom
« du propriétaire de la barque, quelque pensée em-
« pruntée à la philosophie épicurienne. Des cordages
« de couleurs variées forment le gréement de ces na-
« vires coquets, dont la décoration est complétée par
« un petit mât implanté sur l'arrière et portant une
« longue bandelette d'étoffe qui se déploie au gré
« du zéphyr. On ne voit guère dans ces embarcations
« que des femmes galantes, des courtisanes, des jeunes
« gens ou des gens perdus de mœurs. Les promenades
« se prolongent fort tard ; on soupe sur l'eau, on par-
« fume le lac de roses que l'on y jette, et qui dérobent
« presque ses ondes à la vue. Des concerts de musique
« accompagnent ces promenades, et pendant toute la
« nuit on n'entend que des symphonies, que des chan-
« sons lubriques, répétées par les coteaux d'alentour. »
(*Rome au siècle d'Auguste*, lettre LXXXIV, t. III, p. 361.)

Le spectateur est placé sur le haut de la rive septen-
trionale et très-escarpée du lac Averne, qui s'étend à

ses pieds. Au delà on voit le lac Lucrin, séparé du premier par une bande de terre au milieu de laquelle s'ouvre un canal de communication entre eux. Après ce dernier lac se déploie le golfe de Baïes, dont le Lucrin n'est séparé que par une digue en maçonnerie sur laquelle passe une voie appelée la *voie Herculéenne*.

La côte droite du golfe forme presque tout le fond du tableau. On y voit la ville de Baïes, au milieu de bosquets de myrtes, sur une éminence; aux environs sont une foule de villas qui non-seulement couronnent la montagne, mais descendent sur le penchant de la côte, et s'avancent jusque dans la mer. Après Baïes le terrain s'affaisse : là est le port de Misène. On voit en dehors quelques gros vaisseaux appartenant à la flotte militaire qui stationne dans ce port. Le rivage se relève ensuite en colline encore plus haute, c'est le cap Misène, orné aussi de belles villas, parmi lesquelles sont celles de Marius et de César, sur les points les plus culminants.

Le tableau est éclairé par le soleil couchant d'une belle journée du mois de mai.

## SCÉNOGRAPHIE.

La scénographie d'un paysage doit être copiée d'après nature; mais celle du golfe de Baïes, du lac Averne et du lac

Lucrin, a besoin d'être étudiée au moins autant dans les livres que sur les lieux, parce que, depuis trois siècles, tout ce site a été bouleversé par les feux souterrains qui ont ravagé la contrée, changé son aspect, et détruit les monuments des hommes, et jusqu'à la végétation, jusqu'aux bois et aux bosquets qui faisaient de ce golfe l'un des lieux les plus délicieux et les plus salubres de l'Italie. Une espèce de petit marais fangeux est tout ce qui reste du beau lac Lucrin. Le *monte Nuovo*, colline produite par le mouvement volcanique de 1538, l'a comblé presque en entier, et fait disparaître la belle digue qui le séparait de la mer.

On trouvera presque tous les détails nécessaires pour la restauration du golfe de Baïes et de ses côtes, dans *Rome au siècle d'Auguste*, lettre LXXXIV, t. III, p. 354 et suiv., et sur la carte restaurée par M. Ch. Barberet, et placée à la page 352. Si l'on veut contrôler ou recommencer, soit en totalité, soit en partie, les études qui ont été faites pour cette restauration de la nature, on lira à la page 557, *explication de la planche* 3, la liste complète de tous les auteurs, tant anciens que modernes, avec le renvoi au livre, au volume et à la page qui contient le passage dont on s'est inspiré ou renseigné.

Lorsque l'artiste se sera bien instruit de tous les souvenirs archéologiques, il lui faudra aller sur les lieux compléter son étude du site. Alors la restauration la plus pittoresque naîtra d'elle-même dans son imagination : malgré l'aspect désolé de la contrée, il y verra revivre un charmant tableau, comme si l'antiquité, nature morte et nature animée, se dressait pour poser devant lui, parée de toutes les grâces et de toutes les séductions de son état de splendeur, en harmonie avec un jour admirable, avec un ciel d'azur demeuré toujours le beau ciel de l'antique Baïes.

Pour les formes des navires, voy. les peintures d'Herculanum et celles de Pompei ; voyez aussi l'*Archéologie navale* de M. JAL, passim, et surtout, t. I, p. 21, un petit navire à voiles copié d'un bas-relief conservé dans la collection de la villa Borghèse, à Rome.

## PERSONNAGES,
### CARACTÈRES ET COSTUMES.

J'ajouterai aux détails déjà donnés dans le programme, qu'à Baïes les hommes portaient volontiers le pallium, et en général le costume grec, et même asiatique. Beaucoup étaient en simple tunique et en sandales, car à la campagne les Romains quittaient volontiers la toge et la chaussure de la ville, et à Baïes tout le monde était comme chez soi. Parmi les promeneurs, il y a aussi des artistes, des littérateurs et des philosophes grecs.

Je ne crois pas qu'il y aurait avantage à vouloir encadrer une scène historique, telle que, par exemple, la mort d'Agrippine, mère de Néron, dans ce tableau. Ici tout l'intérêt doit être dans le site et dans les scènes diverses qui se passent sur les lacs et sur leurs bords.

### ÉPOQUE ET MOMENT DU DRAME.

L'époque doit être ou celle des dernières années de la république, du temps de César, de Pompée, de Cicéron; ou mieux, celle d'Auguste, de Tibère ou de Néron, parce qu'alors le luxe et le relâchement des mœurs étaient portés à un très-haut point.

J'ai indiqué dans le programme, pour la saison, le mois de mai, d'abord parce qu'on ne commençait à venir à Baïes qu'au mois d'avril, ensuite parce que mai est l'un des mois où la végétation est la plus agréable à représenter. Je choisis l'heure du coucher du soleil, plutôt que la nuit tombante qui, forçant d'éclairer le tableau avec des torches, ferait perdre les belles lignes de lointain, annulerait la verdure, les reflets et la transparence des eaux, en un mot priverait le paysage de tout le charme qu'un artiste de talent saura lui donner. D'ailleurs, tout le monde ayant fait la sieste de midi à 2 ou 3 heures, les promeneurs sortaient avant la fin du jour.

Le peintre remarquera que le soleil se couche derrière le cap Misène et la côte de Baïes; ses rayons pourraient donc se réfléchir dans les eaux calmes du golfe, vis-à-vis de la plage basse où est le port, entre les deux collines, dont l'une porte la ville de Baïes, et l'autre forme l'extrémité du cap Misène.

## N° 7.

LA PREMIÈRE NUIT DES JEUX SÉCULAIRES.

( *Tableau d'histoire.* )

PROGRAMME.

Les Jeux Séculaires se célébraient à Rome, vers le milieu de l'été, et revenaient tous les cent dix ans; ils duraient trois jours et trois nuits, et leurs triples cérémonies se passaient successivement au Champ-de-Mars, au Capitole, et dans l'Atrium et le temple d'Apollon-Palatin.

Les cérémonies et les réjouissances de la première nuit avaient lieu au Champ-de-Mars, dans un endroit appelé *Térente*, au bord du Tibre, tout proche du Bois et du temple de Lucine. En voici la description empruntée à un voyage historique et archéologique : « La « fête commença dès la deuxième heure de nuit, « (c'est-à-dire environ huit heures un quart du soir); « trois autels étaient dressés dans *Térente*. Auguste,

« assisté d'Agrippa et des autres Quindécemvirs, dont
« le collége est spécialement chargé de veiller à ce que
« les sacrifices soient faits et les Jeux célébrés confor-
« mément aux prescriptions de l'oracle, Auguste,
« dis-je, immola trois agneaux noirs en l'honneur des
« trois Parques, reçut leur sang dans une patère et en
« arrosa la flamme qui brillait sur les autels.

« Pendant qu'il achevait ce sacrifice, le parvis du
« Panthéon s'illumina d'un nombre infini de flambeaux
« et de feux qui dessinaient comme la scène d'un
« théâtre; c'était vraiment quelque chose de magique:
« les reflets de lumière rougeâtre qui teignaient le vaste
« portique du temple; les grandes ombres portées par
« ses colonnes, par ses entablements; la demi-obscurité
« où se trouvaient les édifices voisins, les jardins, les
« bois environnants, dont les sommets seulement
« étaient comme caressés par un jour harmonieux,
« enfin un mélange de lumière dégradée et d'obscurité
« dans les lointains agrandissaient le lieu de la fête et
« semblaient, par un certain mystère, ajouter à sa vé-
« nération. La scène, ou le simulacre de scène, fut
« occupée par des acteurs qui représentèrent des jeux,
« et par des chanteurs qui dirent, en latin et en grec,
« des hymnes composés pour la circonstance. » (*Rome
au siècle d'Auguste*, lettre LVII, t. II, p. 418.)

## N° 7. — LA 1ʳᵉ NUIT DES JEUX SÉCULAIRES. 53

Le spectateur est adossé au Tibre, qu'on ne voit pas; il se trouve à peu de distance des autels de sacrifices et tout à l'entrée du *Bois et du temple de Lucine* qui forment le premier plan à gauche. Dans le fond du tableau sont *le Panthéon, les Bains d'Agrippa, le Portique et le temple du Bon-Événement.* Vers la droite, et tout auprès, *les Jardins d'Agrippa.*

Le moment représenté est celui où l'empereur Auguste, en qualité de *Maître ou chef du collége des Quindécemvirs,* prêtres spécialement chargés de la célébration des Jeux Séculaires, *immole* les victimes qui lui sont présentées par les sacrificateurs et les popes qui entourent l'autel. Les jeunes servants sont auprès du prince, et entre autres un petit joueur de flûte-double qui fait retentir vivement son instrument pendant que l'empereur prononce les paroles sacrées. Au bas de l'autel sont les quatorze quindécemvirs, et à leur tête Agrippa, paré d'une couronne rostrale. D'un autre côté, le sénat, les chevaliers, et les consuls devant lesquels on remarque Tibère.

En regard de ce groupe on voit les matrones Romaines qui forment comme la suite de Livie, femme d'Auguste, et de la belle Julie, fille de ce prince et femme d'Agrippa.

Le peuple est rangé autour de ces groupes en un

vaste cercle, qui demeure ouvert du côté du Panthéon, dont on voit le parvis dallé, illuminé de torches et de candélabres, et occupé par des acteurs qui attendent le signal des jeux.

### SCÉNOGRAPHIE.

La scénographie indiquée dans le programme ci-dessus pourra être étudiée sur le *Plan* joint à *Rome au siècle d'Auguste*, t. I, p. 115, n$^{os}$ 169, 171 du *Plan* et de la *Description* qui l'accompagne; p. 122 et suiv., n$^{os}$ 180, 181, 183, 184, ainsi que sur la vignette représentant la vue du *Champ-de-Mars*, p. 247.

Il y aurait peut-être encore un autre parti à prendre, ce serait de supposer le spectateur sur la rive gauche du Tibre, dans le portique des *Jardins d'Agrippine*. (Voy. n° 325 du *Plan* et de la *Description de Rome* ci-dessus cités.) Ce portique aurait toute la richesse d'architecture du temps, on verrait le Tibre à ses pieds, et au delà tout le tableau. Mais cet arrangement aurait l'inconvénient grave de nuire à l'unité du sujet, parce qu'il faudrait animer le portique par quelques personnages qui attireraient d'autant plus l'attention qu'ils seraient au premier plan, et l'inconvénient plus grave encore de rapetisser d'une manière trop sensible peut-être, les personnages du drame, sur lesquels doit porter tout l'intérêt du tableau.

### PERSONNAGES,

#### CARACTÈRES ET COSTUMES.

AUGUSTE. Costume : la toge prétexte, mais ramenée sur la tête jusqu'aux oreilles, comme faisaient tous les sacrifiants. Il porte une couronne de chêne, qui est la couronne civique. Age : 46 ans. Pour la ressemblance historique, voy. plus haut, n° 5, p. 40.

AGRIPPA. Même costume. Voy., pour la couronne rostrale qui pare sa tête, *Rome au siècle d'Auguste*, t. IV, p. 254. Age : 46 ans. Pour la ressemblance historique, voy. plus haut, n° 4, p. 34.

TIBÈRE. Voy. plus haut n° 5, p. 40 et 41. Age : 25 ans.

LIVIE. Voy. plus haut n° 5, p. 41. Age : 41 ans.

JULIE. Costume : la stole blanche. Air léger et coquet, et regardant du côté des chevaliers dont elle s'occupe plus que de la cérémonie. Figure historique : voy. VISCONTI, *Iconographie romaine*, 2e part. c. I, p. 51, et pl. 20 ; — Musée de sculpture du Louvre, Salle des Saisons, n° 77; BOUILLON, t. II, sous le nom de Cérès; CLARAC, pl. 310, 2344. Age : 18 ou 20 ans.

SÉNATEURS, — CHEVALIERS. Costume : voy. plus haut n° 1, p. 7 et 9.

LES QUINDÉCEMVIRS. Ages très-divers, car on pouvait parvenir à toute espèce de sacerdoce dès l'âge de dix-sept ans. Pour le costume, voy. Musée de sculpture du Louvre, arcade de la salle des Empereurs, n° 18, bas-relief de l'autel, gravé dans BOUILLON, t. III, pl. 3; dans CLARAC, 318, pl. 216.

PEUPLE, HOMMES, FEMMES ET ENFANTS. Mélange de tous les citoyens; mais il n'y a pas une jeune fille ou un jeune garçon qui ne soit avec un parent ou une parente d'un âge mûr. Tous, jeunes ou vieux, doivent être en habit de fête, c'est-à-dire, les hommes en toge bien blanche; les jeunes garçons en toge prétexte, avec la bulle d'or ou de cuir suivant leur condition; les femmes et les jeunes filles, en stole. Pour le costume de la plèbe, voy. plus haut, n° 1, p. 9.

SACRIFICATEURS, CAMILLES, FLUTISTES, etc. Voy. sur les bas-reliefs de la colonne Trajane, un sacrifice avec libations, et un Suovetaurile. Voy. aussi CHOUL, *De la religion des an-*

ciens Romains, p. 306 et 326. — Montfaucon, *Antiq. expliquée*, t. II, pl. 80, 81; supplément au t. II, pl. 21. — Musée de sculpture du Louvre, salle de l'Aruspice, n° 439, gravé dans Winckelmann, *Monumenti antichi inediti*, tav. 183; Bouillon, t. III, bas-rel., pl. 27; Clarac, 311, pl. 195; — salle de la Diane, n° 176, gravé dans Bouillon, t. II; dans Clarac, 312, planche 219; autre dans la cour du Musée, n° 772 bis, gravé dans Bouillon, t. III, bas-rel. pers. rom., pl. 28; Clarac, 310, pl. 218. — Camilles, voy. Musée de sculpture du Louvre, grand escalier, n°s 739, 740; gravés dans Clarac, 1913 et 1914, pl. 278.

### ÉPOQUE ET MOMENT DU DRAME.

Les jeux Séculaires célébrés par Auguste le furent l'an de Rome 737 (83 av. J. C.) et, suivant l'usage, dans le temps de la moisson, qui se faisait vers la fin de juillet. Quant au moment où commençaient les cérémonies de cette première nuit, j'ai fait connaître plus haut que c'était à huit heures un quart du soir. Les historiens disent à la deuxième heure de la nuit; or, vers la fin de juillet, sous le climat de Rome, le soleil se couche à 7 h. un quart, environ : ce moment était alors, pour les anciens Romains, la première heure de nuit.

## N° 8.

### LE DERNIER JOUR DES JEUX SÉCULAIRES.

(*Tableau d'histoire.*)

#### PROGRAMME.

**Nota.** Ce tableau faisant suite au précédent, et devant lui servir de pendant, voyez au n° 7, la notice historique sur les Jeux Séculaires.

« Le troisième jour, qui était le premier de la nou-
« velle lune, fut le plus solennel : les cérémonies de
« cette dernière journée se passèrent dans le superbe
« temple et dans le splendide Atrium d'Apollon-Pala-
« tin... L'Empereur sortit de sa maison, voisine du
« temple. Les Quindécemvirs, les Consuls, les Préteurs,
« le Sénat, tous les magistrats en général, vingt-sept
« jeunes garçons et autant de jeunes filles, tous impu-
« bères, âgés de quinze ans, et des premières familles
« de Rome, le précédaient. La noble procession arriva

« par l'un des portiques de l'Atrium, tourna autour
« d'un grand autel qui s'élève au milieu de cette place,
« et que décorent quatre statues de bœufs en airain,
« monta les degrés du temple et s'avança vers le sanc-
« tuaire. Les jeunes garçons et les jeunes filles, divisés
« en deux chœurs, se rangèrent sous le portique du
« temple, aux abords de la porte, les uns d'un côté, les
« autres de l'autre; le sénat, les deux consuls et les
« magistrats occupèrent les parties latérales de la
« place, et une partie du portique de l'atrium faisant
« face au temple; le peuple remplit les autres por-
« tiques. En passant, il déposait au pied de l'autel cen-
« tral des fruits et des prémices de festin. La céré-
« monie commença par l'immolation de bœufs blancs.
« Pendant qu'on égorgeait les victimes et qu'on achevait
« le sacrifice avec des vases d'or, récemment donnés
« par l'Empereur, ce dernier, en qualité de *Maître des*
« *Quindécemvirs*, monta devant les portes du temple, et
« d'une voix grave et ferme prononça les paroles sui-
« vantes, adressées à la foule des assistants :

> Profanes, loin d'ici ! venez, tendre jeunesse ;
> Le pontife du dieu des vers
> Va faire entendre, en ce jour d'allégresse,
> Des accents inconnus encore à l'univers.
> Que le peuple en silence écoute nos concerts.

« Le calme le plus profond suivit cette espèce d'an-

« nonce ; puis tout d'un coup les jeunes garçons et les
« jeunes filles firent retentir en chœur l'hymne sui-
« vant, au bruit de lyres dont l'harmonie élégante et
« légère se mariait à celle de leurs voix fraîches et
« pures. » (*Rome au siècle d'Auguste*, lettre LVII,
t. II, p. 420.)

### SCÉNOGRAPHIE.

On trouvera la restauration de l'Atrium et du temple d'Apollon-Palatin, dans l'ouvrage de MM. Thon et Ballanti, intitulé : *Il Palazzo de' Cesari*, le plan de l'édifice, tav. II, n°s 7 et 8 ; la coupe, tav. IV, *Spaccato sulla linea A-B ;* enfin l'élévation géométrale, tav. VII.

Une réduction très-fidèle, de la restauration en plan de M. Thon, a été donnée dans le *Plan de Rome*, joint à *Rome au siècle d'Auguste*, t. I, n° 217 du Plan et de la Description. On pourra consulter aussi avec fruit, dans le même ouvrage, t. II, p. 419, une vue pittoresque de l'Atrium et du temple d'Apollon-Pallatin, dessinée par M. Léveil. Elle est d'un effet plus complet, et d'un style un peu plus pur que celle de M. Thon : le temple est sur un soubassement plus élevé, ce qui lui donne plus d'élégance, et les statues placées sur les angles du fronton, étant plus rapprochées de l'extrémité du toit, sont placées d'une manière plus conforme aux habitudes des architectes de l'antiquité. Il faudra se garder aussi de copier, dans la restauration de M. Thon, l'inscription de dédicace gravée dans la frise du temple : DIVO APOLLINI SACRUM. Les inscriptions de dédicace étaient pour les fondateurs ou les restituteurs des temples, et ne parlaient jamais que d'eux, des dignités ou des charges qu'ils remplissaient alors. On a évité, dans la restauration de M. Léveil, cette faute contre la vérité, en donnant une inscription qui est au moins vraisemblable.

Le temple est tout en marbre blanc de Paros, le *marmo greco duro* des Italiens, semblable aux belles qualités du marbre de Carare; les colonnes de l'*Atrium* sont en marbre de Numidie, rouge vif et jaune : on voit huit belles colonnes de ce marbre dans le Panthéon de Rome. Au moment où furent célébrés les jeux Séculaires, le temple et l'Atrium n'ayant été achevés que dix ou onze ans auparavant, avaient l'aspect de monuments presque neufs.

## PERSONNAGES,
### CARACTÈRES ET COSTUMES.

AUGUSTE. Voyez le n° 7, p. 54.

QUINDÉCEMVIRS. *Ibid.*, p. 55.

SÉNATEURS. Voyez le n° 1, p. 7.

CHOEUR DE JEUNES GARÇONS Vêtus de la toge prétexte blanche et la bulle au cou. Enfants avec la bulle, voyez Musée de sculpture du Louvre, salle des Caryatides, n° 536; gravé dans CLARAC, 331, 344, pl. 158, *inscr.*, pl. XIX.

CHOEUR DE JEUNES FILLES. Stole blanche.

SPECTATEURS ET SPECTATRICES. Vêtus en toges ou en robes blanches, très-propres.

### ÉPOQUE ET MOMENT DU DRAME.

La cérémonie se passe à la fin de juillet, vers les premières heures du matin, à six ou sept heures. Le soleil vient donc du côté gauche de l'Atrium, de sorte que la façade en marbre blanc du temple est un peu dans le clair-obscur, tandis que le côté droit du portique reflète vivement les rayons du soleil qui fondent leur lumière d'or dans le marbre jaune des colonnes.

## N° 9.

L'INTÉRIEUR D'UN CABARET DE L'ACIENNNE ROME.

(*Tableau de genre.*)

PROGRAMME.

Les cabarets de l'ancienne Rome étaient proprement appelés *Popinæ*. On y vendait tous les aliments dont la plèbe faisait sa nourriture, soit légumes, soit chair de porc et viande de basse boucherie. Ces derniers comestibles étaient en cuisson permanente sur un grand fourneau qui occupait tout un côté de la taverne. Là, les petites gens trouvaient à souper pour deux as (10 ou 12 centimes.) Voici comment nous avons décrit ailleurs, avec toutes les autorités à l'appui, l'intérieur de ces cabarets : « Ces humbles établissements, où il « fait une chaleur étouffante, et dans lesquels règne « une malpropreté extrême, sont les asiles de la joie, « le rendez-vous des esclaves, qui pendant que leurs

« maîtres soupent en ville ou se récréent à quelque
« fête publique où ils les ont conduits, viennent les
« attendre dans ces endroits ; assis sur des bancs,
« ils y passent le temps à boire du vin, surtout du vin
« cuit de l'île de Crète, ou de l'*alica*, boisson de grains
« fermentés ; à manger des gâteaux, à jouer aux dés,
« à raconter tout ce qui se passe dans la maison dont
« ils font partie, et à médire de leurs maîtres pour se
« venger des mauvais traitements qu'ils en endurent.
« Une servante du lieu récrée aussi quelquefois ses
« hôtes passagers par une danse lascive qu'elle accom-
« pagne du bruit des crotales : c'est une petite imitation
« de ce qui se passe chez les riches. Souvent une misé-
« rable courtisane prend une flûte, et la troupe ser-
« vile se met à bondir en faisant retentir l'air de pa-
« roles assorties à la scène de ces ébats. Les *Popinæ*
« sont le repaire de tout ce que Rome a de plus vil, de
« plus abject : on y trouve souvent des voleurs, des
« assassins, des mariniers, des esclaves fugitifs, parmi
« des bourreaux, des faiseurs de cercueils et des
« prêtres de Cybèle, étendus et ronflant à côté de leurs
« muettes cymbales, qu'ils vendent quelquefois pour
« satisfaire leur intempérance. Les maîtres de ces ta-
« vernes ne paraissent pas d'une condition plus relevée
« que ceux qui les fréquentent, si j'en juge par leur

« tenue : ils sont ordinairement nus, avec un simple
« caleçon ; les moins misérables ont une tunique de
« lin. » (*Rome au siècle d'Auguste*, lettre XIV, t. I,
p. 352.)

Le tableau représente la scène de danse et les divers personnages ci-dessus décrits. La gargotière (*focaria*) est à son fourneau, et au fond du tableau, devant la baie ouverte sur la voie publique, le cabaretier cause avec un gros pope, sacrificateur victimaire, qui vient lui vendre une pièce de bœuf, part de victime qui lui a été donnée. Un esclave, en dehors du cabaret, offre une gigue d'ours, reste d'animal tué dans les jeux du cirque.

## SCÉNOGRAPHIE.

Les tavernes ou boutiques retrouvées à Rome, dans les hémicycles du Forum de Trajan, ainsi que celles de Pompei, ont environ trois mètres de largeur sur deux de profondeur ; d'autres ont jusqu'à cinq mètres cinquante centimètres de largeur sur près de quatre mètres de profondeur. Voyez *Mém. de l'Académie des inscript.*, nouvelle série, t. XII, p. 278 ; et DUREAU DE LA MALLE, *Économie politique des Romains*, t. II, pl. 2.

Pour la disposition en plan d'une boutique de cabaretier, avec son fourneau, ses urnes, ses tablettes, voyez le bel ouvrage de MAZOIS, *Ruines de Pompei*, t. II, pl. 43.

Pour la restauration en élévation, voyez le même ouvrage, même volume, pl. VIII, fig. 4.

On trouvera dans *Rome au siècle d'Auguste*, lettre citée plus haut, t. I, p. 350, quelques détails sur l'étalage des boutiques.

## PERSONNAGES,
### CARACTÈRES ET COSTUMES.

LE CABARETIER. Voyez le Programme ci-dessus.

LA GARGOTIÈRE. Esclave de chétive apparence.

ESCLAVES. Ce sont particulièrement des porteurs de litières ; ils doivent être jeunes et forts. Costume : les bras, les jambes et la tête nus, une tunique courte, de couleur brune, des sandales pour chaussures. Plusieurs ont une *pænula* pour habit, tunique courte sans manches, et de laine blanche ou rousse. (Voyez sur la *Pænula*, le Dictionnaire d'antiquités de l'*Encyclopédie méthodique*, au mot *Pænula*.) Les esclaves sont, les uns des Liburniens blancs, les autres des Indiens ou des Africains cuivrés ou noirs.

POPE. Gros et gras, le ventre surtout très-proéminent. Costume : le buste nu, et le reste du corps couvert par une robe à bande de pourpre, retroussée sur les côtés, et descendant jusqu'à mi-jambe. Voyez MOREL, *Colonne Trajane*, tab. C, § 7, 37, 67, 68. — MONTFAUCON, *Antiquité expliquée*, t. II, suppl., pl 72,

PRÊTRES DE CYBÈLE. Gras et la face enluminée, comme des gens habitués à l'intempérance. Costume : une toge de lin, couleur de safran ; une tunique à longues manches, à raies purpurines, et serrée avec une ceinture ; des sandales jaunes ; une mitre phrygienne ou bonnet phrygien en feutre de laine, et renoué sous le menton avec des bandelettes. Voyez *Musée Capitolin*, t. IV. — WINCKELMANN, *Monumenti antichi inediti*, n° 112. — CAYLUS, *Recueil d'antiquités*, t. III,

## N° 9. — UN CABARET DE L'ANCIENNE ROME.

pl. 31. — Boissard, *Antiq. rom.*, t. III, p. 90. — Muratori, *Thesaur. inscript.*, p. 207

Servante. Grosse et robuste esclave syrienne.

Courtisane. A peine vêtue d'une tunique délabrée, qui tombe, et laisse voir une partie de son buste nu.

### ÉPOQUE ET MOMENT DU DRAME.

Les jeux publics commençaient de grand matin, et duraient toute la journée; le Souper se prenait à la neuvième ou à la dixième heure, répondant, en été, à quatre ou cinq heures après-midi. Or comme c'était pendant les jeux ou pendant le souper que les esclaves venaient se réjouir à la taverne, on pourra choisir telle heure de la journée que l'on voudra pour éclairer le tableau.

### N° 10.

#### LA FLOTTE ROMAINE DE L'ANNONE AU CAP DE MINERVE.

*(Paysage et marine historiques.)*

PROGRAMME.

Rome ancienne tirait de l'Égypte une grande partie des blés nécessaires à sa subsistance, et une flotte de l'État était spécialement destinée à leur transport. « La « flotte qui apporte les blés de l'Égypte, avons-nous « dit ailleurs, arrive toujours par le détroit qui sé- « pare l'île Caprée du cap de Minerve. Quelques *tabel-* « *laires,* navires légers, prennent les devants, comme « pour éclairer la marche des *caudicaires* ou gros vais- « seaux de charge. Dès qu'on les aperçut, toute la po- « pulation se répandit sur le rivage pour voir la flotte « qui portait dans ses flancs une partie de la subsis- « tance du peuple romain. Le *Crater,* cet immense

« golfe où se mire Neapolis, était alors couvert de vais-
« seaux, mais on reconnaissait ceux d'Alexandrie au
« *supparum*, petite voile supérieure qu'ils ont seule le
« droit d'arborer, et dont les autres navires ne font
« usage qu'en pleine mer. Des transports de joie écla-
« tèrent parmi la foule qui bordait les rivages du golfe
« lorsque la flotte, après avoir rasé quelques îlots dé-
« serts et rocailleux nommés les *Sirénuses*, doubla
« le cap de Minerve, rangea la côte, et s'arrêta à l'en-
« trée du Crater. C'était un spectacle vraiment impo-
« sant : il y avait plus de trois cents voiles. Les pilotes
« quittèrent leur bord et gravirent jusqu'au faîte de la
« chaîne de montagnes qui forment le cap, endroit où
« Minerve a un temple, d'où elle semble contempler
« la mer. Ils offrirent des libations de vin maréotique
« à cette Minerve tyrrhénienne pour qu'elle voulût bien
« protéger leur navigation. » (*Rome au siècle d'Auguste*, lettre LXXXV, t. III, p. 374.)

Le moment représenté est celui où la flotte venant
de jeter l'ancre, les pilotes et leurs équipages gra-
vissent, en longues bandes, les hauteurs du cap pour
aller sacrifier au temple de Minerve. Les matelots
restés à la garde des navires en couronnent la poupe
de fleurs. Les voiles sont carguées. Le paysage représente toute la partie orientale du golfe du Crater, au-

jourd'hui le golfe de Naples. La vue est prise en mer, en avant de l'île de Prochyta, aujourd'hui Procida, de sorte que le spectateur a vers sa droite, et à peu près au premier plan, l'île de Caprée, avec ses grandes roches et ses bords escarpés, couronnés de verdure. En remontant vers la gauche, on voit le Cap et le temple de Minerve, toute la côte de Sorrente, émaillée de villas environnées de jardins, et la ville de Sorrente; plus loin, la ville de Pompeia, et en avant l'embouchure du petit fleuve le Sarnus; enfin à l'extrémité du tableau, le mont Vésuve, alors volcan éteint. Le golfe est rempli de jolies barques, de plusieurs vaisseaux marchands, qui cinglent vers Putéoles, tandis que la flotte de l'Annone est rangée sur une seule ligne, depuis la pointe du cap jusqu'à la pointe de Sorrente.

## SCÉNOGRAPHIE.

Le site étant le principal sujet devra être étudié sur les lieux. On se rappellera seulement qu'il n'était ni moins riche, ni moins riant, ni moins agréable dans l'antiquité qu'il ne l'est aujourd'hui. Voyez, sur son état ancien, *Rome au siècle d'Auguste*, t. III, p. 359, 360, ainsi que la petite *Carte du Crater*, dressée par M. Ch. Barberet, et placée à la page 353 de ce même volume.

Le temple de Minerve doit être d'ordre toscan, dans le genre des temples de Pœstum. Sa façade regarde la mer, et devant est l'autel des sacrifices, entouré de quelques prêtres, qui font des libations et brûlent dessus des prémices de victimes.

Parmi les navires de la flotte, on distingue les *tabellaires* et les *caudicaires*. Les poupes sont renversées en avant On en voit qui ont une figure d'Apollon. Elles sont tournées vers le rivage, et de la proue, qui regarde la mer, descend le câble à l'extrémité duquel est l'ancre.

Sur les vaisseaux et la navigation, voyez Jal, *Virgilius Nauticus*, p. 27, 29, 33, 40, 43, 51. — L. Bayfius, *De re navali*. — Caylus, *Recueil d'antiquités*, t. IV, folio 246. — Montfaucon, *Antiquité expliquée*, t. IV, passim. — Galerie de Florence. — Pierres gravées de Stoch.

Les coques des navires sont peintes en minium [1]; l'ancre est à la proue [2]: les voiles sont de lin [3]; les carènes sont larges et rondes [4]. Sur les petits navires, voy. plus haut n° 6, p. 49.

## PERSONNAGES.

Foule de gens de toutes conditions accourus sur le rivage.

### ÉPOQUE ET MOMENT DU DRAME.

La flotte de l'Annone arrivait en avril ou en mai. On peut supposer que son passage au cap de Minerve avait lieu dans l'après-midi, de sorte que toute la côte de Sorrente, et les hautes roches qui forment les rivages de Caprée, sont éclairées presque de face, et que le temple de Minerve reçoit la lumière la plus vive sur son côté gauche. Sa façade, un peu dans l'ombre, servira comme de repoussoir pour faire valoir le groupe de prêtres qui préparent le sacrifice sur l'autel placé devant le temple.

---

1. Jal, *Virgilius nauticus*, p. 94, note (A). — 2. *Ibid.*, p. 40. — 3. *Ibid.*, p. 95. — 4. *Ibid.*, p. 51.

## N° 11.

LES JEUX SCÉNIQUES DANS LE THÉATRE DE POMPÉE.

(*Tableau d'histoire.*)

### PROGRAMME.

Le théâtre de Pompée avait au sommet des gradins destinés aux spectateurs, un petit temple de Vénus-Victorieuse, destiné à protéger l'édifice contre l'autorité publique, qui jusqu'alors avait défendu l'établissement d'un théâtre permanent à Rome. Les deux statues équestres érigées sur les longs piédestaux qui flanquent les degrés de ce temple, sont celles de Pompée, à droite, et de Pompée-Strabon, son père, à gauche. — Le moment représenté dans le tableau est celui des Jeux Apollinaires de l'an 694, pendant le consulat de J. César et de Bibulus. Le théâtre est couvert d'une voile transparente, tendue sur des câbles, comme cela avait toujours lieu pendant les jeux, pour abriter

les spectateurs des rayons du soleil. La voile est en lin couleur d'azur, rehaussée d'étoiles d'or, et embellie à son centre d'un quadrige brodé à l'aiguille. Dans l'*orchestre* (qui serait le parterre de nos théâtres modernes) sont les sénateurs, assis sur des chaises curules. Les quatorze premiers gradins, immédiatement autour de l'orchestre, sont occupés par les chevaliers. Au delà, c'est le peuple, hommes, femmes, enfants, pauvres, riches, plébéiens, nobles, pêle-mêle, ou du moins par groupes ou sociétés. — Les deux acteurs qui occupent l'avant-scène représentent une tragédie : au fond de la scène est un joueur de flûte qui règle et soutient la voix. L'incident suivant fait le sujet du tableau : « Aux Jeux Apollinaires, le tragédien Diphilus
« désigna Pompée d'une manière fort insolente ; on lui
« fit répéter mille fois ces mots : *Tu n'es grand que*
« *par notre malheur!* Tout le théâtre se récria aussi à
« cet autre endroit : *Tu te repentiras un jour d'avoir*
« *été trop puissant.* Un frémissement général et de
« grands cris accueillirent ce passage : *Si tu violes les*
« *lois et les coutumes...* Diphilus, en prononçant ces
« vers, montrait du geste la statue de Pompée. Lors-
« que César parut, faibles applaudissements ; et le
« jeune Curion venant ensuite, il fut applaudi comme
« autrefois Pompée dans les meilleurs temps. César en

« a été fort piqué, et on dit qu'il a envoyé un exprès à
« Pompée, qui est à Capoue. Ils ne peuvent pardonner
« aux chevaliers qui se levèrent pour faire honneur
« à Curion. » Cicéron, *Lettres à Atticus*, liv. II,
lettre 19; Valère-Maxime, liv. VI, c. 2, n° 9.

César, consul, est debout sur l'un des gradins les
plus rapprochés du premier plan; il a l'air pensif et
presque irrité en voyant le geste de Diphilus et les
chevaliers qui applaudissent en se retournant presque
tous vers la statue de Pompée. Crassus est près de lui,
et semble moins ému. Derrière eux sont Gabinius,
Cornélius Balbus, Oppius, C. Trébatius et L. Cotta,
tous amis ou partisans de César. Curion est assis un peu
plus haut et semble braver César. Cicéron, debout dans
un coin près de l'avant-scène, se tient le menton de la
main gauche, et observe l'acteur Diphilus avec un sentiment de mépris et de pitié. — Un grand nombre de
spectateurs, même parmi les plus distingués, ont quitté
leur chaussure à cause de la chaleur, et beaucoup de
jeunes gens agitent des éventails devant des femmes
près desquelles ils sont assis. « Là, ce sont des ma-
« trones riant aux éclats, parlant tout haut avec autant
« de liberté que si elles étaient chez elles; ici, des
« nourrices avec leurs nourrissons qui ne cessent de
« vagir; plus loin, des licteurs postés près des magis-

« trats, causant entre eux, et frappant leurs faisceaux
« sur la pierre des gradins ; ailleurs, des *désignateurs*
« circulant pour faire placer les nouveaux venus, les
« appelant du geste et de la voix. » (*Rome au siècle
d'Auguste*, lettre XLIX.)

---

## SCÉNOGRAPHIE.

La vue sera prise de l'un des gradins inférieurs du théâtre, vers le côté gauche du spectateur. De là on verra toute la scène un peu en raccourci, et plus de la moitié du théâtre jusqu'en deçà du temple de Vénus-Victorieuse.

En se plaçant ainsi un peu bas, l'édifice apparaîtra avec plus de grandeur, et en même temps on aura cet autre avantage qu'on verra de plus près les sénateurs dans l'orchestre, les chevaliers sur leurs quatorze gradins, et surtout les groupes de personnages principaux.

Pour la forme et les proportions du théâtre de Pompée, voyez le *Plan* et la *Description de Rome*, n° 156, dans *Rome au siècle d'Auguste*, t. I. Voyez encore, dans le même ouvrage, t. II, p. 331, une Description écrite, et une Vue perspective de l'intérieur de ce théâtre, par M. Vict. Baltard.

On trouve dans Piranesi (*Antichità romane*, t. IV, tav. 38), une vue pittoresque des ruines de cet édifice.

Le travail le plus complet, par son étendue et par ses proportions, sur ce magnifique monument, est une restauration géométrale faite par M. Victor Baltard, architecte, ancien pensionnaire de l'Académie de France à Rome. Cette restauration est dans les archives de l'Institut (Académie des beaux-arts).

Les jeux scéniques se donnaient dès le matin, et devaient être finis vers midi : or la partie circulaire du théâtre se trouvant à l'occident, le jour viendra du côté droit de la scène (la gauche du spectateur), c'est-à-dire du fond du tableau. Si l'on aimait mieux un autre jour, il serait tout à fait indifférent de prendre le point de vue du côté opposé. On fera attention que, malgré le voile, la lumière du jour devait être encore assez vive dans le théâtre. La teinte que ses rayons prenaient en passant à travers le lin azuré, devait être à peine sensible ; elle ne faisait que mettre de l'harmonie dans la lumière. Cependant si l'on voulait des effets plus éclatants, on pourrait supposer un panneau de l'immense voile déchiré ou soulevé par le vent ; ce serait un moyen d'éclairer à son gré le groupe de César et celui des acteurs, qui doivent attirer principalement l'attention ; par là on mettrait une sorte d'unité dans un sujet qui n'en comporte guère, et par conséquent on augmenterait l'intérêt de la composition.

## PERSONNAGES,

### CARACTÈRES ET COSTUMES.

J. CÉSAR. 41 ans. Toge prétexte du consul. Figure historique. Voyez VISCONTI, *Iconographie romaine*, deuxième partie, c. 1, § 7, pl. 18 ; Musée de sculpture du Louvre, salle d'Hercule et Telèphe, nº 465, statue, gravée dans BOUILLON, t. 2 ; dans CLARAC, nº 2317, pl. 310. — Musée Capitolin.

CRASSUS. 43 ans environ. Toge simple du citoyen.
GABINIUS. 35 à 40 ans. La toge. Ressemblance inconnue.
OPPIUS. *Ibid.*
C. TREBATIUS. *Ibid.*
L. COTTA. *Ibid.*
CURION. Tribun du peuple. Environ 30 ans.

Cicéron. 47 ans. Figure historique. Voyez plus haut n° 3, p. 26. — Musée de Bourbon, de Naples, n° 367; ou collection Farnèse, n° 410.

Sénateurs. Leur costume ordinaire. Voyez plus haut, n° 1, p. 7.

Chevaliers. Voyez plus haut, n° 1, p. 9.

Acteurs. Costume grec très-riche, masque tragique. Voyez sur les masques, le *Thesaurus morellianus*, famille *Vibia*, tabl. 2; la mosaïque de Pompéi, tirée de la *maison du poëte tragique*, et représentant une répétition dramatique. — Montfaucon, *Antiquité expliquée*, t. III, pl. 146; et surtout Ficoroni, *Dissertatio de larvis scenicis et figuris comicis antiquorum Romanorum*, in-folio, figures. — Voyez aussi le Musée de sculpture du Louvre, salle des Saisons, n° 60, gravé dans Bouillon, t. 3, cip. chois., n° 32; Clarac, 102, pl. 187 et 251; corridor de Pan, n° 520, gravé dans Clarac, 131, pl. 199.

Flutiste. Une longue robe traînante, et une flûte d'argent.

Spectateurs, en général. Ils sont couronnés de laurier. C'était l'usage pour qui assistait aux jeux Apollinaires.

### ÉPOQUE ET MOMENT DU DRAME.

Les jeux Apollinaires se célébraient du 6 au 13 juillet inclusivement. Ils commençaient dès le matin, et duraient à peu près jusqu'à midi, ainsi que je l'ai dit plus haut. L'anecdote racontée dans le programme est de l'an 694.

N° 12.

L'INTÉRIEUR D'UNE PISTRINE.

(*Tableau de genre.*)

PROGRAMME.

Une Pistrine était une boulangerie, dans l'ancienne Rome ; non-seulement on y faisait et l'on y cuisait le pain, mais encore on y moulait le blé. Ces opérations sont représentées ici : au milieu de la pièce s'élèvent deux moulins, tournés l'un par un petit âne, l'autre par un couple d'esclaves ; sur la gauche est une grande auge de pierre où l'on fait la pâte ; au fond, on voit la bouche du four. Les divers esclaves, de la plus chétive apparence, sont tous en fonctions : l'un, le chef ou le maître de la pistrine, soigne la mouture, surveille, en même temps, et frappe, avec un fouet, l'âne ou les hommes qui tournent les meules ; d'autres apportent, entre leurs bras, de petites corbeilles pleines de grain pour verser dans la trémie des moulins. Les pisteurs tournent le pain ou pétrissent la pâte, tandis que l'un d'eux, prenant les pains qu'un petit esclave lui apporte dans des mannes, les enfourne, après les avoir renversées sur une pelle, qu'il saupoudre d'un peu de farine. A la porte de la pistrine, près du four, on aperçoit une de ces misérables courtisanes appelées *alicariæ*, qui venaient se prostituer aux pisteurs pour quelque peu de farine.

---

### SCÉNOGRAPHIE.

La pistrine sera assez spacieuse : on en a trouvé une à Pompéi, renfermant, il est vrai, quatre meules, qui avait dix mètres de longueur sur huit de largeur. Elle est gravée dans Mazois, *Ruines de Pompei*, t. II, p. 56 à 60, et dans *Rome au siècle d'Auguste*, t. I, p. 275, *Maison de Mamurra*, n° 44.

L'aspect du four et celui des meules se trouvent reproduits dans l'ouvrage de Mazois, déjà cité, et dans celui de Le Riche, *Vues des monuments antiques de Naples*, pl. 35 ; mais l'appareil de rotation et de traction, qui ont complétement disparu dans ces moulins trouvés à Pompéi, et dont plusieurs sont conservés au Musée Bourbon, de Naples, ne se trouvent ni retracés, ni expliqués dans aucun des deux ouvrages, de sorte qu'on n'y voit qu'une machine démantelée, l'image d'une ruine non restaurée.

Cependant cette restauration si désirable, car on aime à comprendre ce que l'on voit, nous a été fournie par l'antiquité elle-même : on trouve au Musée du Vatican, dans la longue galerie des inscriptions, deux bas-reliefs antiques, en marbre blanc, l'un très-bien conservé, l'autre dont une moitié seulement existe encore, mutilée, mais fort lisible, lesquels représentent des moulins à blé avec tout leur appareil.

Le premier, placé auprès de la galerie de Pie VII, se compose d'un cadre divisé en deux parties par une inscription funéraire : l'une offre un moulin tourné par un âne aveugle ; l'autre est remplie par des figures de boisseaux, de cribles et de corbeilles, en usage dans les pistrines. Ce marbre très-curieux est gravé dans *Rome au siècle d'Auguste*, t. III, p. 377, et accompagné d'une explication pittoresque et technique, qu'on trouve aux p. 377 et suiv. et 547 note 378.

Le second bas-relief, placé dans la même galerie que le précédent, sous le n° 22, montre deux moulins, tournés chacun par un fort cheval qui a les yeux couverts avec des œillères.

## PERSONNAGES,
### CARACTÈRES ET COSTUMES.

Le maître pisteur et les petits esclaves de service sont vêtus d'une tunique de toile descendant presque jusqu'aux genoux. Ils ont les bras et les jambes nus.

Ceux qui travaillent au pain portent une espèce de cotte pour tout vêtement. C'est l'habit classique et traditionnel. Voici le portrait *historique* que nous avons tracé, dans *Rome au siècle d'Auguste*, de ces ouvriers-serfs qui faisaient vivre les maîtres du monde. « Je ne connais pas d'êtres plus à
« plaindre que les esclaves occupés dans les pistrines : abru-
« tis par la peine et par la misère, la nature chez eux n'a pu
« se développer, on les prendrait plutôt pour des enfants que
« pour des hommes, tant ils sont petits et chétifs ! A travers
« des haillons rapetassés, qui les ombragent plutôt qu'ils ne
« les couvrent, leur peau se montre teinte de meurtrissures

« livides, et leur dos sillonné de plaies faites par les coups de
« fouet. Quelques-uns n'ont d'autres vêtements qu'un petit
« lambeau de toile qui leur couvre le bas des hanches. Leur
« figure est horrible : les paupières enflammées et la vue
« presque perdue par la vapeur du feu et l'épaisse fumée du
« four, ils ont les cheveux à demi rasés, et portent au front
« la marque des esclaves fugitifs. Tout à la fois jaunes et
« pâles, mais d'une pâleur qu'augmente encore la poudre de
« farine dont ils sont tout couverts, on dirait presque des
« spectres ; et quand on voit ces infortunés travailler les
« jambes entravées dans des anneaux de fer enchaînés, on
« doute si ce sont bien des hommes qu'on a devant soi. »
(Lettre LXXXVI).

Les esclaves enchaînés le sont ainsi : le bas de chaque
jambe est passé dans un anneau auquel est rivée une chaîne
relevée jusqu'à la hauteur des genoux par une autre chaîne
attachée à la ceinture. Voyez un enchaînement de ce genre
sur une onyx gravée dans le recueil de BRACCI (*Domenico*),
intitulé : *Memorie degli antichi incisori che scolpirono i
loro nomi in gemme et cammei*, t. I, tav. XXXIII, p. 183.

COURTISANE *alicaria*. Prostituée de la plus basse espèce,
vêtue d'une méchante toge d'homme, trouée, déchirée, à
demi tombante, et laissant voir la nudité de la triste
créature.

### ÉPOQUE ET MOMENT DU DRAME.

Le pain se faisait la nuit, mais l'ouvrage durait jusqu'au
jour ; on pourra donc choisir le moment du lever du soleil, car
le tableau, éclairé avec deux ou trois lampes comme celles
des anciens, n'aurait point d'effet.

N° 13.

POMPÉE RETIRÉ DANS SES JARDINS
PENDANT LES TROUBLES QUI SUIVIRENT LES FUNÉRAILLES
DE CLODIUS.

(*Paysage historique.*)

PROGRAMME.

P. Clodius ayant été tué par Milon, la plèbe lui fit des funérailles qui faillirent incendier Rome, et y portèrent le trouble et la terreur. Les désordres furent d'autant plus graves que la république était sans consuls, et que l'autorité flottait entre les mains d'un interroi, magistrat élu pour cinq jours, et dont le successeur ne devait pas régner plus longtemps. Cependant les furieux voulurent le contraindre à tenir les comices, pour faire élire des consuls opposés à Milon; n'ayant pu y parvenir, ils prirent des faisceaux et vinrent en bandes nombreuses les porter à Pompée, retiré dans ses jardins, sur les bords du Tibre, l'appelant à grands cris tantôt consul, tantôt dictateur.

Le moment représenté est celui de l'arrivée de cette plèbe, par la partie basse des jardins.

Pompée se trouve dans la partie haute, au milieu d'un petit cercle d'amis, avec lesquels il écoute chanter la courtisane Flora. Il est assis sur un siége de marbre, devant un petit temple.

Flora, jeune et très-belle femme fort aimée et fort éprise de Pompée, paraît ne s'occuper que de lui en chantant.

Debout derrière Pompée est Démétrius, son affranchi et son favori, qui se penche familièrement vers lui pour appeler son attention sur la plèbe qui monte.

La femme de Démétrius, très-belle personne, est assise un peu en avant de Pompée, dont elle semble chercher les regards.

Un petit groupe d'amis, les uns debout, les autres assis à terre sur des coussins, sont presque en demi-cercle devant Pompée. Parmi ces derniers, on remarque Géminius, qui, violemment épris de Flora, ne quitte point les yeux de dessus elle.

En dernier plan sont quelques petits esclaves qui apportent une collation, en partie servie sur un grand plateau; puis la vieille nourrice de la femme de Démétrius, celle de Flora, et deux ou trois suivantes de pied.

Les jardins, disposés en amphithéâtre, sont décorés de charmilles et de buissons taillés, enrichis de statues de marbre ou d'airain, de colonnes, de fontaines. Au fond, sur la partie la plus élevée, qui se profile avec le lieu où se tient le groupe de Pompée, est une petite maison élégante et riche, un véritable casino.

---

### SCÉNOGRAPHIE.

Les Jardins de Pompée étaient situés sur la rive droite du Tibre, vers le bas et au sud du mont Janicule, un peu au-dessous de l'endroit aujourd'hui nommé *Ripa grande*, à peu près à l'endroit où passe le mur d'enceinte du pape Urbain VIII. Ils descendaient presque jusqu'au bord du fleuve. On y voyait, comme dans tous les jardins des riches Romains, une jolie maison d'habitation, et une foule de statues et de petits monuments d'art. Leur dessin était en partie régulier, et en partie à la manière des jardins paysagistes. Voy. sur la situation de ces jardins, le *Plan de Rome*, dans *Rome au siècle d'Auguste*, t. I, p. 183, n° 294 du *Plan* et de la *Description*. Pour la disposition, les plantations et l'ornementation des jardins des Romains, en général, voyez le même ouvrage, t. II, lettre XXXIII, p. 116 et suiv.

### PERSONNAGES,

#### CARACTÈRES ET COSTUMES.

Pompée. Age : 52 ans. — Costume : la toge du citoyen.

Voici le portrait que Plutarque trace de Pompée : « Il avait
« dans son visage ne sais quoi de douceur agréable conjoint
« avec une gravité humaine, et dès la fleur et vigueur de sa
« jeunesse, se montra incontinent, en ses mœurs et en ses
« façons de faire, une vénérable hautesse de majesté royale.
« Il avait aussi les cheveux un peu relevés, le regard et
« mouvement des yeux doux, qui causaient celle ressem-
« blance que l'on disait qu'il avait, plus qu'elle n'apparaît,
« avec les images du roi Alexandre-le-Grand. » (*Vie de Pompée*, c. 2, trad. d'Amyot.)

Portrait de Pompée : Voy. VISCONTI, *Iconographie ro-
maine*, c. 2, § 18, pl. 5. — Voy. aussi, à Rome, la *statue
de Pompée*, au palais Spada, laquelle est gravée dans MAF-
FEI, *Raccolta di statue*, tav. 127. — Un buste du Musée
Capitolin, gravé dans le recueil de ce musée, et dans
De Brosses, *Histoire romaine de Salluste*, t. 1, p. 304.

Pompée s'était retiré dans ses jardins pour affecter de ne
point vouloir se mêler aux événements qui agitaient Rome.
Son but réel et secret était de faire remarquer son absence,
afin que le sénat et les citoyens, qui avaient grande confiance
en lui, le crussent plus que jamais l'homme nécessaire pour
rétablir l'ordre régulier des choses, et fussent amenés ainsi
à lui décerner le pouvoir suprême. La physionomie de Pompée doit donc exprimer un peu d'inquiétude, sous un calme
apparent, et il doit se préoccuper de l'arrivée du peuple, tout
en paraissant écouter Flora.

FLORA. « Elle était si renommée pour sa grâce et sa beauté,
dit Plutarque, que Cécilius Métellus faisant orner et embel-
lir le temple de Castor et Pollux de beaux tableaux et de
belles peintures, y fit mettre, entre autres, le portrait de
Flora, à cause de sa beauté. » (*Vie de Pompée*, c. 3, trad.
d'Amyot.)

DÉMÉTRIUS. Affranchi favori de Pompée, plus jeune que
son patron. Il était fort riche, et on lui faisait la cour Son

## N° 13. — POMPÉE DANS SES JARDINS.

costume, son air, doivent se ressentir de ces avantages-là.

GÉMINIUS. « L'un des familiers de Pompée devint amoureux de Flora, et il lui rompait la tête à force de prier et solliciter continuellement ; elle lui répondit qu'elle n'en ferait jamais rien, pour l'affection qu'elle portait à Pompée. » (PLUT., *Ibid.*)

LA FEMME DE DÉMÉTRIUS. « Pompée traita durement et illibéralement, contre son naturel, la femme de son affranchi Démétrius, craignant sa beauté, qui était singulière et fort renommée, de peur que l'on n'estimât qu'il en fût amoureux. » (PLUT., *Ibid.*, c. 4.)

PLÈBE ROMAINE. Les uns sont en toge courte, la plupart en tunique de couleur brune. Ceux qui portent les faisceaux ont de petites toges.

SUIVANTES. Femmes jeunes, mais africaines ou éthiopiennes.

NOURRICES. Femmes de 45 à 50 ans, blanches. Costume d'esclaves.

JEUNES ESCLAVES. Beaux, bien faits, une petite tunique courte pour tout vêtement.

### ÉPOQUE ET MOMENT DU DRAME.

Ces événements se passaient le 12 des kalendes de février (19 janvier), vers le milieu du jour ; la lumière viendra donc du côté gauche du tableau.

### N° 14.

UNE RÉCITATION OU LECTURE PUBLIQUE
CHEZ LE POETE CORNÉLIUS SÉVÉRUS.

*( Tableau de genre. )*

PROGRAMME.

Les *Récitations* ou Lectures publiques étaient, dans l'ancienne Rome, l'un des moyens employés le plus fréquemment par les jeunes auteurs pour commencer à se faire connaître. Ils invitaient leurs amis et leurs connaissances, soit chez eux, soit dans une salle louée, et là, assis sur une espèce de trône, ils lisaient leurs ouvrages. Ces lectures n'étaient pas en général très-amusantes, et l'on mettait peu d'empressement à s'y rendre. Voici comment les choses se passaient habituellement. « Cornélius Sévérus fit les frais de la der-
« nière Récitation à laquelle je fus invité et où je me
« rendis. Il avait annoncé un poëme sur la guerre ci-

« vile entre Octave et Sextus Pompée. J'ignore si ce
« fut la faute du sujet, qui cependant annonçait un
« certain courage de la part de l'auteur, ou bien la
« crainte de l'ennui, mais les amateurs montrèrent,
« ainsi qu'à l'ordinaire, très-peu d'empressement. Sé-
« vérus, coiffé, paré comme en un jour de fête, chose
« assez remarquable, attendu que bien des poëtes af-
« fectent de ne se faire ni la barbe, ni les cheveux, ni
« même les ongles; Sévérus, dis-je, élégamment ac-
« coutré, et monté sur l'espèce de trône réservé au
« lecteur, promenait autour de lui des regards tristes,
« en voyant ses bancs demeurer presque déserts.

« Cependant après avoir un peu attendu, il ouvre
« lentement son livre, et commence à lire, en balan-
« çant mollement la tête, et s'arrêtant de temps en
« temps pour avaler quelques ampoules d'eau tiède,
« afin de s'entretenir le gosier souple. Une partie des
« invités, assis en dehors de la maison, tuaient le temps
« dans des conversations futiles; les moins indifférents
« envoyèrent demander d'abord si le *récitateur* était
« entré, puis s'il avait fini déjà sa préface, puis s'il avait
« lu bien des feuillets. Vers les deux tiers de l'ouvrage
« on les vit arriver lentement, comme à regret, et la
« plupart encore n'attendirent-ils pas la fin pour s'en
« aller : ils se dérobèrent, les uns adroitement et un

## N° 14. — RÉCITATION CHEZ LE POETE SÉVÉRUS.

« peu confus, les autres, sans façon et la tête levée.

« Quoique le succès soit rarissime dans les Récita-
« tions, cependant le poëte en obtint un très-grand.
« L'approbation des auditeurs se manifesta d'abord par
« de petits bruits de lèvres simulant un baiser, puis
« par des *courage!* des *très-bien!* des *beau! très-beau!*
« mais lorsque Cornélius Sévérus termina en faisant
« entendre des chants de douleur et de liberté à pro-
« pos des proscriptions du triumvirat, et particulière-
« ment de l'assassinat de Cicéron, alors l'enthousiasme
« éclata : les uns bondissaient sur leur banc, frappaient
« du pied ; d'autres versaient, comme on dit plaisam-
« ment, la rosée de leurs yeux. Dès que Sévérus eut
« fini sa lecture, les plus intimes, au milieu de leur
« émotion, franchirent les bancs, vinrent baiser leur
« ami, et le féliciter mille fois. » *Rome au siècle d'Auguste*, lettre LXXXVIII, t. III, p. 406.

On reconnaît facilement le tableau dans ce récit. Parmi les auditeurs il y a quelques hommes connus : Au premier plan à droite, on remarque Virgile, Varius, Horace, et un peu en arrière le jeune Ovide. Virgile paraît enthousiasmé, Varius applaudit, Horace est plus calme, il juge en même temps qu'il goûte, et Ovide crie et bat des mains tout à la fois. — Vers le milieu du Tableau deux autres poëtes, jeunes aussi, Properce et

Tibulle, causent avec feu, et manifestent aussi leur approbation. — Sur la gauche, l'historien Tite-Live écoute sérieusement, d'un air triste et pensif, en regardant Sévérus. Près de lui, presque étendu sur un banc, est Cicéron le fils, qui, la figure échauffée, et presque sans expression, écoute d'un air distrait et somnolent. — Dans les diverses parties de l'auditoire, individus causant, riant ou bâillant; autres se retirant, autres applaudissant avec des cris d'admiration.

---

## SCÉNOGRAPHIE.

Une salle fort simple. Au fond est une estrade sur laquelle est un siége élevé. Auprès du siége est une petite table ronde monopode, avec un vase et une coupe pour boire. Sous la table est un *scrinium* ou boîte à livres. En avant de l'estrade sont deux files de banquettes pour les auditeurs.

## PERSONNAGES,

### CARACTÈRES ET COSTUMES.

CORNÉLIUS SEVÉRUS. 20 ou 25 ans, chevelure soignée, barbe rasée, toge élégante, des bagues à plusieurs doigts.

VIRGILE. 52 ans, haute taille, teint brun, toge tombante, chaussure large. Voy. VISCONTI, *Iconographie romaine*, c. 4, § 5, pl. 13.

VARIUS. Ami de Virgile, et du même âge à peu près. Figure inconnue. — Costume : la toge.

## N° 14. — RÉCITATION CHEZ LE POETE SÉVÉRUS.

HORACE. 46 ans, petit, un peu gros, le teint brun et les cheveux grisonnants. Voy. l'*Iconographie romaine*, c. 4, § 6, pl. 13. Costume : la toge.

OVIDE. 24 ans, toge élégamment arrangée, les cheveux et la barbe bien soignés.

PROPERCE. 33 ans.

TIBULLE. 24 ans.

TITE-LIVE. 40 ans. On voit son buste sur son mausolée, conservé à l'hôtel de ville de Padoue.

CICÉRON le fils. 45 ans. La figure échauffée. Il avait l'urbanité de son père; mais il était un peu abruti par l'usage immodéré du vin. Figure inconnue, qui pourrait être faite à la ressemblance de celle de son père, voy. n° 3, p. 26.

ÉPOQUE ET MOMENT DU DRAME.

Les Récitations ou lectures publiques avaient lieu au mois d'avril ou d'août. Elles commençaient le matin, et duraient jusqu'à trois ou quatre heures après midi.

## N° 15.

**POETE INCONNU RÉCITANT SES VERS AU PEUPLE DANS LE FORUM DE CÉSAR.**

(*Tableau de genre et d'architecture.*)

**PROGRAMME.**

« La petite littérature, les auteurs trop pauvres pour
« supporter les frais d'une Récitation, trop peu prisés
« ou trop obscurs pour réunir un auditoire suffisant,
« choisissent une plus grande scène, qui ne leur coûte
« rien : ils récitent leurs œuvres dans les bains publics,
« dans le Forum de César, dont les vastes portiques
« offrent de si beaux abris. Ce sont particulièrement les
« poëtes qui s'exposent ainsi au vrai public... S'ils réus-
« sissent, leur réputation éclate tout d'un coup; s'ils
« échouent, ils échappent à la honte de voir les au-
« diteurs fuir devant leur muse; car dans un lieu pu-
« blic, quand les uns s'en vont d'autres reviennent; les

« passants succèdent à d'autres passants, remplacent
« les indifférents ou les ennuyés, de sorte que le lec-
« teur ne récite jamais dans le désert. » *Rome au siècle
d'Auguste*, lettre LXXXVIII, t. III, p. 408.

Le poëte est debout sur le piédestal de droite du perron du temple de Vénus-Génitrice, comme sur une tribune. Il tient un cahier à la main et le déclame avec feu à la foule assemblée devant lui, et réfugiée jusque sous le portique latéral du Forum. Des marchands ambulants qui vendent leur marchandise, des gens qui se disputent ou se battent, des chiens qui aboyent, ne peuvent le distraire de sa récitation, qui l'absorbe tant, qu'il ne s'aperçoit pas même du désordre de sa toge, qui glisse de dessus son épaule.

---

### SCÉNOGRAPHIE.

Le Forum de César se composait d'une belle place entourée de portiques en colonnades sur trois côtés. Le quatrième côté, celui du fond, était occupé par le magnifique temple de Vénus Génitrice. Voy. sur ce Forum le Plan de Rome de *Rome au siècle d'Auguste,* n° 133, et la *Description de Rome,* dans le même ouvrage, t. I, p. 82, n° 133; voy. aussi t. III, p. 63 et suiv., une description écrite. Il existe encore des ruines considérables du Forum et du temple dans la *via de' Pantani*. Pour la vue générale du monument (car ce Forum était un véritable monument dans son ensemble), on

## N° 15. — POETE INCONNU RÉCITANT SES VERS.

consultera avec beaucoup de fruit une très-belle restauration géométrale faite en 1844 par M. Uchard, architecte-pensionnaire de l'Académie de France à Rome. Ce travail remarquable est maintenant dans les portefeuilles de la section d'architecture de l'Institut de France.

Les ruines du Forum dont nous nous occupons ici sont gravées dans beaucoup de recueils, et désignées ordinairement sous le titre de *Forum d'Auguste*, et quelquefois de *Nerva*; mais nous croyons avoir prouvé, dans la Description de Rome citée quelques lignes plus haut, qu'elles appartiennent bien réellement au Forum de César.

### PERSONNAGES,

#### CARACTÈRES ET COSTUMES.

LE POETE. La figure maigre et pâle, les cheveux en désordre, la barbe touffue et négligée, les ongles non rognés, une vieille toge usée, passée et un peu trouée.

AUDITEURS. Quelques citoyens en toge, parmi lesquels plusieurs ont des rouleaux de papier sous le bras, dossiers d'affaires qu'ils vont plaider à l'un des tribunaux situés dans les parties latérales de ce Forum. Beaucoup de gens de la plèbe en tuniques brunes pour tout vêtement, les bras et les jambes nus; des enfants à peine vêtus; d'autres proprement habillés d'une toge prétexte, une bulle d'or au cou, accompagnés d'un affranchi pédagogue, et suivis d'un petit esclave portant une boîte carrée renfermant le bagage du jeune enfant que l'on conduit aux écoles; d'autres ont une tablette de buis et une bourse de jetons suspendue à leur bras gauche, pour apprendre à compter. Enfin, on voit encore des femmes de la plèbe, des paysans, des soldats sans armes, des philosophes grecs, mendiants vêtus d'un mauvais *pallium*, et des marchands ambulants. Tout ce monde écoute, stationne, circule, applaudit, rit, cause, crie, et paraît, en général, peu attentif, quoique les yeux fixés sur le pauvre poëte qui gesticule beaucoup et s'époumone pour captiver son auditoire. Quelques amis cherchent à imposer silence à ceux qui font trop de bruit.

### ÉPOQUE ET MOMENT DU DRAME.

La scène se passe au mois d'avril, saison plus agréable que le mois d'août pour assembler un auditoire en plein vent. L'heure est celle des affaires, c'est-à-dire de huit heures du matin à midi, afin que le public soit plus nombreux. La lumière viendra donc du côté droit du tableau, de sorte que l'ombre du portique latéral du Forum s'étendra jusqu'au temple, et que le poëte et son auditoire seront un peu abrités du soleil, ce que l'on recherche beaucoup à Rome.

Ce tableau pourra faire le pendant du précédent, car il représente le même sujet sous une autre face.

N° 16.

VUE DU LAC D'ALBE ET DU MONT ALBAIN
AU MOMENT DES FÉRIES LATINES.

(*Paysage historique.*)

PROGRAMME.

Le spectateur est placé sur la rive escarpée du lac, qu'il a devant lui. Vers la droite, sur l'autre bord, s'élève le mont Albain, dont les flancs sont couverts d'une forêt séculaire. Au sommet de la montagne, dans une éclaircie, on aperçoit le temple de Jupiter-Latiar et son enceinte de murailles. On sait que le mont Albain était la plus haute montagne du Latium, et que l'on y célébrait les *Féries latines*, l'une des fêtes romaines les plus fameuses. Instituée pour entretenir la perpétuité de l'union des peuples Latins, elle était annuelle et avait lieu pendant la belle saison. Elle se composait de divers sacrifices suivis de jeux, et d'un sacrifice principal dans lequel on immolait un bœuf blanc. Les scènes variées qui animent le tableau se trouvent indiquées dans les lignes suivantes empruntées à une description de cette fête mémorable : « Au point du jour, la voie Latine, « véritable chemin de Rome pour venir au mont Al- « bain, était couverte de monde, hommes, femmes et « enfants. Juge de la foule, la fédération se compose « de quarante-sept peuples! Ces processions nom- « breuses comme des armées, s'enfonçaient dans un « bois qui couvre le pied et les flancs du mont Albain, « et qui est consacré à Jupiter ; de temps en temps on « les apercevait à travers quelques clairières. Ce qui « ajoutait beaucoup au pittoresque de ce tableau, c'é- « tait de voir les fédérés conduisant avec eux des « agneaux, qui sont les victimes ordinaires, ou por- « tant des fromages ou bien quelque autre aliment de « même nature, chaque ville de l'Union devant, d'a- « près la loi de Tarquin, fournir quelque chose pour « la fête. » *Rome au siècle d'Auguste*, lettre LI.

Outre ces individus isolés, ou par petits groupes, on voit la procession même de la fête, composée de tous les colléges sacerdotaux, de tous les magistrats, du sénat et des conseils publics, tant de Rome que des peuples de la fédération. Les consuls romains sont en tête. Les sacrificateurs de Rome conduisent un superbe taureau blanc, victime générale. Vers le haut de la montagne on voit des tentes, dressées par quelques fédérés, des chevaux et des chars de cirque, arrivant pour figurer dans les jeux.

## SCÉNOGRAPHIE.

Le site d'Albe ou Albano avec le mont Albain ou *monte Cavo*, est l'un des plus célèbres et des plus pittoresques des environs de Rome, dont il ne se trouve qu'à quatorze ou quinze milles. Dans notre ouvrage cité plus haut, nous en avons donné une description écrite sur les bords même du lac, mais le pinceau ou le crayon peuvent seuls en présenter une image exacte; l'artiste devra donc aller l'étudier d'après nature. La vue sera prise sur la crête du rivage du lac du côté de Castel-Gandolfo. De là on voit la montagne sous un bel aspect, et les eaux du lac paraissent d'un bleu d'azur. Le temple, d'ordre toscan, était un temple avec antes, et avait 240 pieds de long sur 120 de large. Il sera vu de trois quarts, sa façade regardant au sud-sud-est. Cette position permettra d'indiquer dans le toit la coupure qui laisse la nef à ciel ouvert, ainsi que cela existait. (Sur le temple de Jupiter-Latiar, voy. PIRANESI, *Antichità d'Albano*, tav. I, II.)

Les bois qui couvrent les flancs de la montagne étant des bois sacrés, c'est-à-dire dans lesquels on ne portait jamais la hache, renferment beaucoup de grands et vieux arbres, parmi lesquels plusieurs sont couronnés et meurent de vieillesse. Les essences sont le châtaignier et le charme.

Le mont Albain, à sa base, vers la rive du lac, est souvent composé de grosses roches de tuf lithoïde. Il est le plus haut de tous ceux du Latium, et se trouve à près de mille mètres au-dessus du niveau de la mer.

## PERSONNAGES,

### CARACTÈRES ET COSTUMES.

Les personnages seront peu importants, quelles que soient d'ailleurs les dimensions que l'on donnera au tableau. On ne distinguera bien que ceux placés au premier plan ; les autres, vus au delà du lac, ne seront guère que des points, qui ne produiront d'effet que par masses ou par groupes. Quant à ceux qui seront rapprochés du spectateur, il y aura à étudier des variétés de costume pour les divers peuples de l'alliance, tels que les habitants des plaines et les montagnards, les citadins et les paysans, les soldats et les simples citoyens. Dans tous les cas, on se rappellera que les Romains seuls ont la toge. Beaucoup pourront avoir un pan de leur toge ou de leur manteau tiré sur leur tête, pour s'abriter du soleil, d'autres porteront un large pétase ou chapeau en feutre.

### ÉPOQUE ET MOMENT DU DRAME.

Les *Féries latines*, bien qu'annuelles, ne revenaient pas à jour fixe : les consuls de Rome en choisissaient le jour ; mais ces fêtes étaient ordinairement célébrées, soit en mars, soit en mai, soit en juin, rarement plus tard. La scène indiquée dans le programme est l'une de celles du premier jour de la fête, qui en durait trois. Le moment doit être celui du lever du soleil, les fêtes, en général, ou leurs apprêts, commençant dès la première heure du jour. Le tableau sera donc éclairé par la droite, et la façade du temple de Jupiter-Latiar regardant vers le Latium, au sud-sud-est, recevra en plein les rayons du soleil. Cette rencontre produira un excellent effet, car l'œil du spectateur doit être un peu attiré sur ce point du tableau, qui, d'après le sujet, est important, quoique son éloignement le rejette dans les accessoires.

# ÉPILOGUE.

Si je n'avais pas craint de produire la satiété, et surtout d'entretenir plus longtemps le lecteur de mon ouvrage, j'aurais pu puiser dans le voyage du Gaulois Camulogène bien d'autres esquisses encore, telles que : *La Salutation de l'empereur Auguste;* — *L'Intérieur d'un bain public;* — *La Taverne d'un tondeur;* — *Le Portique d'Octavie à la quatrième heure;* — *La neuvième heure de Rome dans le Champ-de-Mars;* — *L'Enterrement d'une vestale vive;* — *Les Courses du cirque;* — *Une Nuit de Rome;* — *Un Triomphe;* — *La Clôture du lustre;* — *La Bibliothèque Palatine;* — *Une Chasse dans l'amphithéâtre de Statilius Taurus;* — *Un Combat de gladiateurs dans le cirque Flaminius;* — *La Voie Appienne à la quatrième heure;* — *La Descente du patron au Forum,* etc., etc., mais il m'a semblé plus prudent de m'arrêter ici, quitte à me remettre à l'œuvre plus tard, si les articles et le public daignent encourager cet essai.

FIN

# TABLE ALPHABÉTIQUE

## DES PERSONNAGES HISTORIQUES

### DONT ON CONNAIT LA RESSEMBLANCE,

### ET NOMMÉS DANS L'OUVRAGE.

N. B. La *Table des Sujets traités* est après l'*Introduction*, p. XII.

| | |
|---|---|
| AGRIPPA, gendre d'Auguste. | Page 34 |
| AUGUSTE. | 40 |
| CATOX D'UTIQUE. | 27 |
| CÉSAR (Jules.). | 75 |
| CICÉRON (M. Tullius.). | 26 |
| DRUSUS. | 41 |
| HORACE, poëte. | 91 |
| HORTENSIUS. | 26 |
| JULIE, fille d'Auguste. | 55 |
| LIVIE, femme d'Auguste. | 41 |
| MARCELLUS, neveu d'Auguste. | 42 |
| POMPÉE (Cn.). | 27, 84 |
| SCIPION L'AFRICAIN. | 8 |
| SYLLA. | 27 |
| TIBÈRE. | 40 |
| TITE-LIVE. | 91 |
| VIRGILE. | 90 |

Luis 2 m 2 c 553 wash

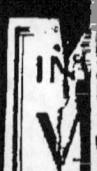

www.ingramcontent.com/pod-product-compliance
Lightning Source LLC
Chambersburg PA
CBHW070255230526
45470CB00002B/603